V&R

Andrea Hufnagel
Alexander Thomas

Leben und studieren in den USA

Trainingsprogramm für Studenten, Schüler und Praktikanten

Vandenhoeck & Ruprecht

Die 9 Cartoons hat Jörg Plannerer gezeichnet.

Bibliografische Information Der Deutschen Bibliothek

Die Deutsche Bibliothek verzeichnet diese Publikation in der Deutschen
Nationalbibliografie; detaillierte bibliografische Daten sind im Internet
über <http://dnb.ddb.de> abrufbar.

ISBN 10: 3-525-49064-X
ISBN 13: 978-3-525-49064-8

Satz: Satzspiegel, Nörten-Hardenberg
Druck und Bindung: Hubert & Co., Göttingen

Gedruckt auf alterungsbeständigem Papier.

■ Inhalt

◼ Vorwort

Obwohl die Globalisierung und Internationalisierung voranschreitet und interkulturelle Kompetenz ein anerkanntes Lernziel darstellt, tun sich Austauschprogramme und binationale Begegnungen im Rahmen von Schule und Betrieb schwer. Ihre touristische Attraktivität und ihr Freizeitwert sind unbestritten, ihr (inter)kultureller Tiefgang und ihre Nachhaltigkeit hingegen sind zweifelhaft oder bleiben nur vage greifbar. Das gilt in gewisser Weise auch für den internationalen Studenten- und Praktikantenaustausch.

Beklagt werden eine wenig zwingende Vorbereitung solcher Projekte z. B. im Schulalltag durch Anbindung an Themen und Methoden spezifischer Fächer wie Englisch und durch einen insgesamt interdisziplinär angelegten Unterricht. Mehr noch vermissen aber Schüler, Studenten und Praktikanten bei ihrer beruflichen Aus- und Weiterbildung eine Thematisierung von Alltagssituationen in Leben, Studium und Beruf, die sie für das Spezifische der anderen Kultur sensibilisiert. Dass Sprechen über andere Kulturen immer auch Bewusstwerden der eigenen Kultur beinhaltet, versteht sich beinahe von selbst. Und doch sind die Momente im Studium, im Schulalltag und im betrieblichen Kontext rar, in denen Begegnungen unterschiedlicher Kulturen mit ihren Konflikten oder kritischen Interaktionen konkret erfahrbar und in ihren Bedingungen nachvollziehbar gemacht werden.

An diesem Punkt setzt das Trainingsprogramm »Leben und Studieren in den USA« an. Die Verfasser, Kulturpsychologen an der Universität Regensburg, haben aus Befragungen aus den USA zurückgekehrter Studenten eine Vielzahl kritischer Interaktionssituationen gesammelt und sie bestimmten sprachgemeinschaftlich bedingten Kulturstandards zugeordnet. Die Konzeption des Trainingsprogrammes von der Darstellung der kritischen Interaktionssituation, Fragen nach dem Konfliktpotenzial, dem Angebot an abgestuft plau-

9

siblen Erklärungen bis hin zu ausführlichen Erläuterungen der jeweils vom Probanden gegebenen Antworten ist primär für das Selbststudium gedacht. Es bietet darüber hinaus viele motivierende Einsatzmöglichkeiten im Unterricht. Naheliegend sind die Übersetzung oder Kurzfassung der Situation etwa im Englischunterricht oder die Erarbeitung des jeweiligen Verhaltens der Beteiligten z. B. in Gruppenarbeit oder im Rollenspiel (»What do you understand?«). Ziel ist die Diskussion über das, was geschehen ist, verbunden mit der Erkenntnis, warum es zu einem Konflikt gekommen ist. Die abschließende Systematisierung in Form der aus den Situationen abgeleiteten zentralen Kulturstandards für die USA bietet eine theoretische Überhöhung. Sie kann jedoch auch Ausgangspunkt für einen Vergleich mit den eigenen oder anderen zentralen Kulturstandards im fächerübergreifenden Unterricht sein. Selten bietet sich im Unterricht und im Studium eine solche Möglichkeit, eigene Erfahrungen und Lebensbereiche jenseits der Schule respektive Ausbildungseinrichtung einzubringen und zum Gegenstand der gemeinsamen Reflexion und eines Lösungsversuchs zu machen. Schon eine einfache Veränderung der »Versuchsanordnung« generiert neue Situationen und neue mögliche Konflikte, zu deren vertiefter Bewusstmachung der Unterricht weiteres methodisches Rüstzeug und kontroverse Belege aus der Literatur beisteuern kann.

Nicht zuletzt ist das Buch in Kombination von Selbststudium und gemeinsamer Erarbeitung in einem Amerika-Seminar die ideale Vorbereitung auf einen USA-Austausch; und selbst dem Rückkehrer bietet es Anregungen zuhauf, der Flüchtigkeit der Augenblicksimpressionen Nachhaltigkeit zu verleihen.

So erweist sich dieser Band als ein ideales Instrument, interkulturelle Handlungskompetenz im Selbststudium und im Unterricht, einschließlich Veranstaltungen der Lehrerbildung in Universität und Studienseminar, einzuüben und uns dem Ziel interkultureller Kompetenz, wie A. Thomas es formuliert, näher zu bringen: »Kulturelle Andersartigkeit und erlebte Fremdheit aktivieren, damit nicht mehr Gefühle der Unsicherheit und Bedrohung sowie vorurteilsbehaftete Kognitionen und Abwehrhaltungen, sondern Neugier und Interesse entstehen.«

Karl Heinz Wagner

■ Einführung in das Training

■ Informationen für Studenten, Schüler und Praktikanten als Anwender des Trainings

Eine Vorbereitung auf den Aufenthalt in den Vereinigten Staaten wird von den USA-Besuchern meist nicht als notwendig erachtet. Aus Film und Fernsehen, Literatur, Musik etc. hat man bereits einiges über die USA erfahren. Da vieles vertraut erscheint, fehlt das Gefühl, in eine andere Kultur einzutreten. Gegenstände, Gesichter, Alltagsbilder, Lebensweise entsprechen vielfach dem bisherigen Lebensbereich in Deutschland und lassen voreilig auf kulturelle Gleichheit oder zumindest Ähnlichkeit schließen. Die Unterschiede, die zunächst auffallen, sind vorwiegend positiver Art. Man ist von der Gastfreundlichkeit und Hilfsbereitschaft der Amerikaner angetan, von der Offenheit und Freundlichkeit begeistert, die Unterschiede zu dem »American Way of Life« faszinieren. Kurz, man fühlt sich herzlich empfangen, integriert und aufgenommen.

Doch nach der ersten Eingewöhnungsphase, nach der ersten Euphorie und Begeisterung für das Neue beginnt plötzlich der Busfahrer zu nerven, wenn er zum wiederholten Male fragt, woher man kommt und wohin man will, das Lächeln, mit dem man das »How are you?« der stets freundlichen Kassiererin beantwortet, droht zu gefrieren und bei der hundertsten Beteuerung, wie schön Deutschland sei, macht sich eine leichte Gereiztheit bemerkbar. Der Smalltalk ruft Unzufriedenheit hervor, die Freundlichkeit der Amerikaner erscheint falsch und oberflächlich. Rückzugstendenzen aufgrund von Enttäuschungen machen sich breit, und statt dem anfangs so begehrten Kontakt zu Amerikanern beginnt man, das Beisammensein mit Deutschen vorzuziehen. Was ist passiert?

Als eine wichtige Erklärung lässt sich anführen, dass jede Kultur eigene, spezifische Normen, Werte und Erwartungen besitzt, die das Wahrnehmen, Denken, Empfinden und Verhalten der Mitglieder dieser Kultur beeinflussen und prägen. Wenn Personen unterschiedlicher kultureller Herkunft miteinander zu tun haben, können leicht Missverständnisse oder Konflikte entstehen, weil jeder das Verhalten aus seiner eigenen, kulturell geprägten Sichtweise erklärt und damit eventuell anders erlebt und interpretiert als der fremdkulturelle Interaktionspartner. Das Verhalten des anderen wird möglicherweise falsch oder nicht verstanden, weil bei der Suche nach den zugrunde liegenden Motiven oder Ursachen seines Verhaltens auf unterschiedliche Wertvorstellungen, Erfahrungen oder Überzeugungen zurückgegriffen wird. Ohne ein entsprechendes kulturelles Hintergrundwissen über das Gastland erscheinen viele alltägliche Situationen trotz guter Sprachkenntnisse als verwirrend, konflikthaft und daher anfällig für Fehlinterpretationen.

Damit Ihr USA-Aufenthalt zu einem Erfolg wird, genügt es nicht, perfekt Englisch zu sprechen, eine detaillierte Reiseorganisation arrangiert zu haben und sich mit einigen praktischen Ratschlägen einzudecken; auch eine vorbereitende und begleitende Beschäftigung mit der anderen Kultur ist dringend zu empfehlen.

Das vorliegende Trainingsverfahren zielt deshalb darauf ab, Sie anhand beispielhafter kritischer Ereignisse zwischen Deutschen und Amerikanern – also typischen »Fettnäpfchen-Situationen«, in die so mancher deutscher Schüler oder Student bei seinem USA-Aufenthalt getreten ist – auf zentrale Merkmale des Denkens und Verhaltens von Amerikanern aufmerksam zu machen. Durch das Kennenlernen so genannter Kulturstandards wird eine angemessene Interpretation und Bewertung von Handlungen und Reaktionen amerikanischer Interaktionspartner ermöglicht und Verständnis für die in den USA geltenden Norm-, Wert- und Verhaltensvorstellungen entwickelt.

Das Training ist so aufgebaut, dass Ihnen verschiedene konkrete Interaktionssituationen zwischen deutschen Studenten und Amerikanern vorgelegt werden, in denen den beteiligten Deutschen das Verhalten oder die Reaktionen der Amerikaner unerwartet, überraschend oder unverständlich erscheinen. Es stellt sich daher bei jeder Situation die Frage, warum sich der oder die Amerikaner so verhalten haben. Als Antwort auf diese Fragen werden Ihnen jeweils drei oder vier verschiedene Interpretationsmöglichkeiten angeboten, von denen eine Erklärung die aus amerikanischer Sicht treffendste Antwort darstellt. Die anderen Erklärungen sind Fehlinterpretationen, die meist auf Unkenntnis, Vorurteilen oder ethnozentrischem, also in der eigenen Kultur verhaftetem Denken beruhen. Ihre Aufgabe besteht darin, zu jeder Geschichte die passende Erklärung auszuwählen. Nach der Entscheidung für eine Antwort erhalten Sie eine Mitteilung darüber, ob die gewählte Erklärung eher richtig oder falsch ist, und eine Begründung dafür, warum aus Sicht der amerikanischen Kultur die Antwort eher treffend oder nicht-zutreffend ist. Mit Hilfe dieser Rückmeldungen werden zentrale amerikanische Kulturstandards vermittelt und auf bedeutsame Unterschiede zwischen deutschen und amerikanischen Denk-, Verhaltens- und Wahrnehmungsweisen hingewiesen. Sie werden überrascht sein, welche Unterschiede zwischen diesen beiden, auf den ersten Blick recht ähnlich erscheinenden Kulturen bestehen.

Insgesamt werden neun amerikanische Kulturstandards anhand konkreter, sozusagen aus dem Leben von Austauschstudenten gegriffenen Ereignissen vorgestellt. Darüber hinaus wird im Anschluss an diese Situationen der jeweils zugrunde liegende Kulturstandard und seine Wirkungen allgemein beschrieben sowie auf eventuelle kulturhistorische Wurzeln verwiesen, um das Verständnis zu vertiefen.

Sie können das vorliegende Training in Form von Einzelbearbeitung verwenden; der Lerneffekt lässt sich allerdings durch begleitende Gruppendiskussionen mit ehemaligen USA-Besuchern und Amerikanern noch erhöhen. Auf keinen Fall sollte das Training als »Kochbuch« verstanden werden, das für jede Situation oder jedes Missverständnis ein Erfolgsrezept liefert. Eine Kultur ist viel zu komplex, um auf wenigen hundert Seiten dargestellt und erklärt zu werden. Das Training ist als erste Anregung gedacht, sich mit der amerikanischen Kultur zu befassen und mit der nötigen Sensibilität an die interkulturellen Begegnungen heranzugehen; dazu dienen einige Hinweise auf grundlegende kulturelle Unterschiede und Besonderheiten. Durch weitere Literaturstudien kann dieses Wissen noch ergänzt werden. In der Schlussbemerkung finden Sie entsprechende Hinweise. Unersetzbar sind natürlich klärende Gespräche »vor Ort« mit Amerikanern selber, wenn Konfliktsituationen und Unklarheiten aufgetreten sind.

Übrigens, erschrecken Sie nicht, dass im Training vor allem »Negativ-Erlebnisse« thematisiert werden. Die dargestellten Situationen umfassen keineswegs das gesamte Spektrum an bevorstehenden USA-Erfahrungen. Da erfreuliche Erlebnisse allerdings eher selten Konflikte und Missverständnisse bei deutschen Austauschstudenten ausgelöst haben, werden sie bei dieser Trainingsmethode nicht berücksichtigt.

Viel Spaß bei der Bearbeitung!

▓ Informationen für Lehrer und interkulturelle Trainer

▓ Zielsetzung und theoretischer Hintergrund des Trainings

Das vorliegende Orientierungstraining geht von der Tatsache aus, dass nicht nur materielle oder konkrete Aspekte in der Umwelt und den Lebensbedingungen einer Bevölkerung, Nation oder Gesellschaft wie Architektur, Kunstwerke, Wohnverhältnisse, Kleidungsweise etc. kulturell geprägt sind, sondern Kultur auch auf einer abstrakteren, meist unbewussten Ebene zum Ausdruck kommt. Wie wir unsere Umwelt wahrnehmen, wie wir das Verhalten unserer Mitmenschen beurteilen, was wir von anderen erwarten, nach welchen Regeln wir uns verhalten, welche Ziele wir verfolgen und anderes mehr ist zu einem nicht unbedeutenden Teil von der Kultur, der wir angehören, geprägt.

Dieser Aspekt kommt in folgender Definition, die Grundlage des hier zu beschreibenden Trainingsansatzes ist, zum Ausdruck: Allgemein kann Kultur als ein universell verbreitetes, für eine Gesellschaft, Nation, Organisation und Gruppe aber spezifisches *Orientierungssystem* betrachtet werden. Dieses Orientierungssys-

14

tem beeinflusst die Wahrnehmung, das Denken, Werten und Handeln der Menschen innerhalb der jeweiligen Gesellschaft. Das Orientierungssystem wird durch bestimmte Arten von Symbolen (z. B. Sprache, nicht-sprachliche Ausdrucksformen wie Mimik und Gestik und spezifische bedeutungshaltige Verhaltensweisen) repräsentiert. Es wird über den Prozess der Sozialisation an die nachfolgende Generation tradiert und ermöglicht den Mitgliedern der Gesellschaft ihre ganz eigene Lebens- und Umweltbewältigung (vgl. Thomas 2003a, S. 19–31).

Das kulturspezifische Orientierungssystem besteht aus *Kulturstandards*, das heißt aus von den Mitgliedern der Kultur geteilten Normen, Werten, Überzeugungen, Einstellungen, Regeln etc. Sie geben den Mitgliedern der jeweiligen Kultur eine Orientierung für ihr eigenes Verhalten und ermöglichen ihnen zu entscheiden, welches Verhalten als normal, typisch oder noch akzeptabel anzusehen ist. Die Kulturstandards dienen somit als Maßstab für die Steuerung eigenen Verhaltens, für die Erwartungen gegenüber dem Verhalten anderer sowie für die Wahrnehmung und Bewertung des Verhaltens der Mitmenschen. Als zentral werden diejenigen Kulturstandards bezeichnet, die weite Bereiche der Wahrnehmung, des Denkens, des Urteilens und Handelns bestimmen und die für die interpersonale Wahrnehmung und Beurteilung von zentraler Bedeutung sind.

Jedes Individuum erwirbt im Verlauf der Sozialisation die für ein Leben in seiner Gruppe oder Gesellschaft relevanten Überzeugungen, Einstellungen und Verhaltensweisen. Es entwickelt eine spezifische, kulturabhängige Orientierung. Tritt das Individuum nun in eine andere Kultur ein, kommt es zu einer kulturellen Überschneidungssituation. Dieser Begriff meint, dass sich eine Person zur gleichen Zeit in einer von mehreren Kulturen bestimmten Situation befindet. Dies ist deshalb der Fall, weil das Individuum im Ausland eine objektiv gegebene Situation in mindestens zweifacher Weise subjektiv definieren (wahrnehmen, erleben, beurteilen, beantworten usw.) kann: (1) nach Zugrundelegung der im Heimatland internalisierten Normen, Werte, Regeln, Verhaltensweisen etc.; (2) nach Zugrundelegung der im Gastland geltenden Normen, Werte, Regeln, Verhaltensweisen etc. Das Individuum wird mit zwei unterschiedlichen Orientierungssystemen, nämlich dem fremd- und eigenkulturellen Orientierungssystem und damit auch mit zwei Arten von Situationsdefinitionen konfrontiert. Dabei wird es zunächst noch vorwiegend vom gewohnten, eigenkulturellen Orientierungssystem ausgehen. Sein Verhalten wird von den eigenkulturellen und nicht von den fremdkulturellen Standards mitbestimmt und damit dem fremdkulturellen Umfeld zumindest anfangs nicht gerecht werden: Die eigenen Handlungsmöglichkeiten werden falsch eingeschätzt, die Folgen eigenen Handelns nicht realitätsgerecht antizipiert. Die bisher zur Zielerreichung geeigneten Handlungsweisen erweisen sich als unangemessen. Aber nicht nur im eigenen Handeln treten Irritationen und Störungen auf, auch bei der Antizipation und Bewertung des Verhaltens der fremdkulturellen Interaktionspartner zeigen sich Fehler oder Unklarheiten. Verhaltens- und Reaktionsweisen der anderen werden auf der Basis des eigenkulturellen Orientierungssystems falsch interpretiert oder nicht verstanden. Die Kommunikation mit den Gastlandmitgliedern ist erschwert, die soziale Interaktion gestört. Es kommt zu Missverständnissen, Unsicherheiten oder interpersonellen Konflikten.

Um diese für das Individuum sehr belastende Situation (oft bezeichnet als »Kulturschock«) zu bewältigen, ist *interkulturelles Lernen* notwendig:

»Interkulturelles Lernen findet statt, wenn eine Person bestrebt ist, im Umgang mit Menschen einer anderen Kultur deren spezifisches Orientierungssystem der Wahrnehmung, des Denkens, Wertens und Handelns zu verstehen, in das eigenkulturelle Orientierungssystem zu integrieren und auf das Denken und Handeln im fremdkulturellen Handlungsfeld anzuwenden. Interkulturelles Lernen bedingt neben dem Verstehen des fremdkulturellen Orientierungssystems eine Reflexion des eigenkulturellen Orientierungssystems« (Thomas 1988, S. 83, s. auch Thomas 2003b).

Das vorliegende Trainingsprogramm zielt auf die Vermittlung, den Aufbau und die kognitive Verankerung zentraler amerikanischer Kulturstandards beim Lernenden ab, um interkulturelles Lernen und damit erfolgreiches interkulturelles Handeln zu unterstützen.

16

Anhand beispielhafter kritischer Ereignisse zwischen Deutschen und Amerikanern werden zentrale Merkmale des Denkens und Verhaltens der amerikanischen Interaktionspartner vermittelt. Mit ihrer Hilfe soll gelernt werden, Verhaltensweisen und Reaktionen von Amerikanern aus deren Perspektive angemessen zu interpretieren und zu bewerten. Das Verständnis für die in den USA geltenden Norm-, Wert- und Verhaltensvorstellungen soll gefördert werden. Ziel ist somit nicht das Aufgeben des eigenen kulturellen Bezugssystems, sondern beide kulturelle Orientierungssysteme sollen bewusst und verfügbar gemacht werden. Es sollen auch nicht spezifische Verhaltensformen (z. B. Begrüßungsverhalten) eingeübt werden. Niemand erwartet von einem Fremden, dass er sich genauso verhält wie ein Einheimischer. Man gesteht ihm gewisse Abweichungen von den Kulturstandards durchaus zu und geht davon aus, dass er sich auch als Repräsentant der eigenen Kultur darstellt. Es geht in erster Linie darum, die im Gastland gebräuchlichen zentralen Kulturstandards zu kennen und damit umgehen zu können, um seine Ziele und Bedürfnisse sicherer, schneller und mit weniger Aufwand zu erreichen. Man sollte wissen, warum der andere sich in einer bestimmten Situation so und nicht anders verhält, und erahnen, wie er sich zukünftig in einer bestimmten Situation verhalten wird. Die Fähigkeit zur angemessenen Situationsinterpretation soll unterstützt werden: Was ist für einen Amerikaner in einer Interaktionssituation bedeutsam? Worauf ist seine Aufmerksamkeit gerichtet? Welche zentrale Bedeutung haben für ihn bestimmte Ausdrucksmerkmale und Verhaltensreaktionen des Partners? Weiterhin soll das Training die Fähigkeit zur kulturadäquaten Situationsgestaltung vermitteln: Was muss ich tun, damit ein Amerikaner meine Absicht richtig interpretiert? Welche Verhaltensweisen werden von mir erwartet, welche werden mir zugestanden und welche abgelehnt? Die Kenntnis, Verinnerlichung und Anwendung zentraler amerikanischer Kulturstandards erhöht die Chancen zur kulturadäquaten Situationserkennung, Ursachen- und Zielattribution sowie zur wirksamen Situationsgestaltung und Handlungssteuerung unter den fremdkulturellen Bedingungen.

Für die genannte Zielsetzung erscheint von den verschiedenen

Trainingsverfahren, die bisher entwickelt wurden, die Culture-Assimilator-Methode als am geeignetsten. Der Culture Assimilator ist zudem ein auf seine Wirksamkeit recht gut überprüftes Trainingsverfahren.

Die Methode des Culture Assimilators beruht auf einem attributionsorientierten Trainingskonzept. Es geht von der Tatsache aus, dass Menschen bei der Beobachtung von Verhaltensweisen und sozial bedeutsamen Ereignissen nicht nur einfach registrieren, was vor sich geht, sondern zugleich eine Antwort auf die Frage suchen, warum sich eine Person so und nicht anders verhält und warum das beobachtete Ereignis hier und jetzt in dieser spezifischen Weise stattfindet. Hat man als Handelnder eine zutreffende Vorstellung davon, warum bestimmte Ereignisse und Verhaltensweisen in der sozialen Umwelt so und nicht anders ablaufen (Kausalattribution) und welche Ziele die Interaktionspartner verfolgen (Finalattribution), dann werden soziale Ereignisse und interaktives Verhalten verstehbar, vorhersehbar und damit auch beeinflussbar. Bei Interaktionen zwischen Personen unterschiedlicher kultureller Herkunft kommt es zu Missverständnissen, Schwierigkeiten oder gar Konflikten, weil sie sich über die Ursachen des Verhaltens ihres fremdkulturellen Partners nicht im Klaren sind oder das Verhalten auf falsche Ursachen zurückführen. Wichtig für effektives interkulturelles Handeln ist daher die Fähigkeit zu isomorphen Attributionen, das heißt die eigenen Erklärungen der Verhaltensursachen sollten denen des fremdkulturellen Interaktionspartners möglichst ähnlich sein.

Im Culture-Assimilator-Training, das aus schriftlichem, in programmierter Form aufbereitetem Lernmaterial besteht, sollen die Teilnehmer lernen, Attributionen vorzunehmen, die der fremdkulturellen Umgebung gerecht werden. Dem Lernenden werden verschiedene Episoden vorgelegt, die jeweils eine typische und kritische Interaktion zwischen Besuchern und Angehörigen der Gastkultur beschreiben. Zu jeder Episode werden vier Erklärungen für das Verhalten der beteiligten Personen gegeben, von denen eine Interpretation die aus Sicht der Mitglieder der Gastkultur einzig richtige Antwort darstellt. Die anderen drei Optionen sind Fehlinterpretationen, die meist auf Unkenntnis kultureller Einflussfaktoren, Vorurteilen oder ethnozentrischem

Denken beruhen. Der Lernende soll die Erklärung auswählen, die seiner Meinung nach für die Sichtweise der fremdkulturellen Interaktionspartner am typischsten ist (Näheres siehe »Aufbau des Trainingsmaterials«).

Neben diversen kulturspezifischen Culture Assimilators wurden auch kulturunspezifische Culture Assimilators entwickelt, die der Sensibilisierung für fremdkulturelle Orientierungssysteme und der Regulation interaktiver Situationen allgemein dienen. Das Trainingsmaterial besteht aus kritischen Ereignissen, die unabhängig von einer spezifischen Kultur regelmäßig in interkulturellen Begegnungssituationen auftreten.

■ Entwicklung des Trainingsprogramms

Die Entwicklung des Trainingsmaterials erfolgte im Wesentlichen nach der für die Konstruktion eines Culture Assimilators üblichen Vorgehensweise. Zur Sammlung kritischer Interaktionssituationen wurden zunächst mit 40 deutschen Studenten, die wenige Monate zuvor von einem einjährigen USA-Studienaufenthalt zurückgekehrt waren, narrative Interviews durchgeführt. Die Befragung konzentrierte sich auf die Erfassung von Erlebnissen der deutschen Studenten im Umgang mit Amerikanern, in denen ihnen das Verhalten der Amerikaner eigenartig, unverständlich oder unerwartet erschien. Aus dem gewonnenen Interviewmaterial wurden die Interaktionssituationen ausgewählt, die folgende Kriterien erfüllten: 1. alltäglich, oft wiederkehrend und damit typisch für das Verhalten von Amerikanern; 2. verwirrend oder konflikthaft und damit anfällig für Fehlinterpretationen durch Deutsche ohne Kenntnisse amerikanischer Kulturstandards; 3. eindeutig erklärbar bei Vorhandensein des entsprechenden kulturellen Hintergrundwissens; 4. relevant für die Handlungsaufgaben der Zielgruppe. Nach diesem Selektionsprozess reduzierte sich das Material auf 40 kritische Ereignisse.

Der nächste Schritt umfasste die Aufstellung der Erklärungsalternativen. Um die aus amerikanischer Sicht richtigen Erklärungen für die in den Interaktionssituationen jeweils geschilderten, kulturtypischen amerikanischen Verhaltensformen zu erhalten, wurden mit fünf amerikanischen Austauschstudenten ausführliche Interviews über die den kritischen Interaktionssituationen zugrunde liegenden, kulturell bestimmten Verhaltensnormen durchgeführt. Anhand der so gewonnenen Ergebnisse ließen sich die kulturadäquaten Erklärungen formulieren, die anschließend zur Überprüfung den amerikanischen Studenten in schriftlicher Form vorgelegt und gegebenenfalls nochmals verändert wurden (kommunikative Validierung). Um die nicht-kulturadäquaten Antworten zu erhalten, wurden sechs deutschen Studenten ohne Erfahrungen im Umgang mit Amerikanern alle Interaktionssituationen mit der Bitte vorgelegt, die ihrer Ansicht nach treffende Erklärung für das Verhalten der Amerikaner anzugeben. Auf dieser Grundlage konnten die Falsch-Antworten formuliert werden.

In einem weiteren Entwicklungsschritt wurde das Trainingsmaterial kategorisiert. Für die Identifikation zentraler amerikanischer Kulturstandards wurde ein inhaltsanalytisches Vorgehen gewählt. Das endgültige Kategoriensystem entsprach den ermittelten Kulturstandards. Die inhaltliche Gültigkeit des so erhaltenen Kategoriensystems wurde dadurch sichergestellt, dass die empirisch bzw. induktiv hergeleiteten Kategorien (Kulturstandards) durch Vergleiche mit den in der vorhandenen Literatur über die amerikanische Kultur häufig erwähnten amerikanischen Kulturmerkmalen validiert wurden.

Zur Überprüfung der Güte des Trainingsmaterials, das heißt der Situationen und der Antwortalternativen und zur Selektion der besten Situationen für das endgültige Training wurde das Material weiteren 31 deutschen und 24 amerikanischen Studenten vorgelegt. Die Studenten sollten für jede Situation die ihrer Meinung nach zutreffende Erklärungsalternative auswählen. Die amerikanischen Studenten sollten zudem auf einer dreistufigen Skala angeben, wie typisch (wahrscheinlich und beispielhaft) das jeweils geschilderte amerikanische Verhalten ist. Die deutschen Studenten sollten angeben, wie relevant ihnen die Erklärung der jeweils geschilderten amerikanischen Verhaltensweisen für einen zukünftigen deutschen Austauschstudenten erscheint. Mit Hilfe eines Statistikprogramms wurden die Situationen nach den Kriterien Antwortverteilung bei den Amerikanern, Trennschärfe zwischen deutscher und amerikanischer Stichprobe, Antwortverteilung allgemein, Beurteilung der Wahrscheinlichkeit und Beispielhaftigkeit der Situationen aus Sicht der Amerikaner sowie Beurteilung der Relevanz dieser Situationen aus Sicht der Deutschen ausgewertet. Aufgrund der Ergebnisse konnte das 40 Situationen umfassende, endgültige Trainingsmaterial zusammengestellt werden.

Im letzten Entwicklungsschritt wurden die Situationen nach den ihnen zugrunde liegenden Kulturstandards geordnet sowie die Rückmeldungen zu den einzelnen Antworten und die allgemeinen Hintergrundinformationen zu den jeweiligen Kulturstandards formuliert.

▓ Aufbau des Trainingsmaterials

Das Trainingsmaterial ist in zehn Abschnitte untergliedert, in denen jeweils – abgesehen vom ersten Teil – ein anderer zentraler amerikanischer Kulturstandard im Mittelpunkt steht. Zu Beginn einer Trainingseinheit werden zunächst verschiedene konkrete Interaktionssituationen zwischen deutschen Studenten und Amerikanern vorgelegt, in denen den deutschen Austauschstudenten die Verhaltens- oder Reaktionsweise der Amerikaner unerwartet, überraschend oder unverständlich erschien. Es stellt sich daher bei jeder Situation die Frage, warum sich der oder die Amerikaner so verhalten haben. Als Antwort auf diese Frage werden drei oder vier verschiedene Interpretationsmöglichkeiten angeboten. Zu jeder Geschichte soll die passendste Erklärung ausgewählt werden. Nach der Entscheidung für eine Antwort erfolgt eine Mitteilung darüber, ob die gewählte Erklärung richtig oder falsch ist, und eine Begründung dafür, warum aus der Sicht der amerikanischen Kultur die Antwort zutreffend oder nicht-zutreffend ist. Mit Hilfe dieser Rückmeldungen werden zentrale amerikanische Kulturstandards vermittelt und auf bedeutsame kulturelle Unterschiede hingewiesen. Darüber hinaus wird im Anschluss an diese Situationen der jeweils zugrunde liegende Kulturstandard auf abstraktem Niveau beschrieben und seine Bedeutung unter Berücksichtigung der kulturhistorischen

Grundlagen erklärt, um das Verständnis für dessen Verhaltens-
wirksamkeit zu vertiefen und die Akzeptanz zu verstärken.

▪ Anmerkungen zum Einsatz des Trainingsprogramms

Für eine erfolgreiche Verwendung des vorliegenden Übungsma-
terials im Rahmen eines kulturellen Vorbereitungstrainings sind
folgende Aspekte zu beachten:

1. Insgesamt erzeugt das Übungsmaterial wegen seiner konkreten
   Erlebnis- und Praxisnähe und seiner klaren Strukturierung bei
   den Trainingsteilnehmern erfahrungsgemäß ein hohes Maß an
   Akzeptanz und eine hohe Lernmotivation. Es ist aber auch zu
   bedenken, dass die Trainingsmethode des Culture Assimilators
   in den USA entwickelt wurde und mit ihrem etwas simpel erscheinenden »multiple-choice«-Verfahren eventuell den Erwartungen, Einstellungen und Interessen deutscher Lernender
   nicht ganz gerecht wird. Um die Akzeptanz des Trainingskon-
   zeptes bei den Lernenden zu vergrößern, bietet sich zusätzlich
   die Verwendung der kritischen Interaktionssituationen als
   Grundlage für Rollenspiele oder Gruppendiskussionen an.
2. Wie verschiedene sozialpsychologische Untersuchungen nach-
   gewiesen haben, ist wahrgenommene Ähnlichkeit ein wichtiger
   Aspekt für die Entwicklung einer positiven interpersonalen
   Einstellung. Da die Culture Assimilator-Methode jedoch nur
   auf der Behandlung von Unterschieden zwischen den Kulturen
   aufbaut und diese betont, ist die zusätzliche Thematisierung
   von Gemeinsamkeiten zwischen deutscher und amerikanischer
   Kultur eine wichtige Ergänzung, um die Trennung in »wir« und
   »die anderen« abzuschwächen und zu vermitteln, dass zwischen
   Deutschen und Amerikanern in vielen Aspekten, verglichen mit
   anderen Kulturen, durchaus Ähnlichkeiten bestehen.
3. Wie bereits erwähnt, erfordert interkulturelles Lernen nicht
   nur Kenntnis und Verständnis des fremdkulturellen Orientierungssystems, sondern zudem eine Reflexion des eigenkulturellen Orientierungssystems, um kulturelle Unterschiede
   überhaupt wahrnehmen zu können. Wichtig ist daher für ein
   effektives Training, auch das Verständnis und die Akzeptanz

für den Einfluss der Kultur auf das Denken und Verhalten allgemein zu vermitteln sowie ein Bewusstsein für das eigenkulturelle Orientierungssystem zu schaffen. Hierfür eignen sich neben den bereits erwähnten kulturunspezifischen Culture Assimilators insbesondere Rollenspiele und Simulationsprogramme, die im Rahmen des Culture-Awareness-Trainingsansatzes entwickelt wurden. Diese erfahrungsbezogene Trainingsmethode stellt zudem eine sinnvolle Ergänzung zum rein kognitiven Ansatz des Culture Assimilators dar.

4. Zu berücksichtigen ist schließlich, dass die Bearbeitung des vorliegenden Trainingsmaterials bei den Trainingsteilnehmern erfahrungsgemäß eine Art vorgelagerten Kulturschock auslösen kann. Da bisher selbstverständliche und als allgemein gültig angesehene Verhaltensweisen, Handlungsstrategien, Werte, Normen, Überzeugungen etc. in Frage gestellt werden, reagieren die Lernenden darauf zunächst mit Unsicherheit und Angst vor dem bevorstehenden Kontakt mit den Mitgliedern der Gastkultur. Diese Reaktionen zeigen, dass ein Bewusstsein für die Schwierigkeiten interkultureller Interaktion entwickelt wurde, und sind insofern keineswegs dysfunktional. Für ein erfolgreiches Training ist allerdings notwendig, dass diese Reaktionen zur Entwicklung angemessener Bewältigungsstrategien genutzt und Abwehrreaktionen, wie z. B. Aufbau oder Verstärkung von Vorurteilen, verhindert werden. Ein Trainer sollte solche Reaktionen der Angst, Unsicherheit und Abwehr erkennen können. Er sollte in der Lage sein, mit ihnen umzugehen, sie aufzufangen, die zugrunde liegenden Ursachen den Lernenden zu erklären und die Entwicklung adäquater Bewältigungsstrategien seitens der Lernenden zu unterstützen.

5. Grundsätzlich kann das vorliegende Übungsmaterial ohne Traineranleitung in Einzelarbeit durchgearbeitet werden. Dies ist aber nur in Ausnahmefällen zu empfehlen, da der Lerneffekt nach allen bisherigen Erfahrungen durch Gruppendiskussionen und über die Moderatorentätigkeit eines Trainers deutlich erhöht wird. Belastungen und Unsicherheiten können zudem besser in der Gruppe aufgefangen und verarbeitet werden.

Einführung in die Wirksamkeit von Kulturunterschieden

Zum Einstieg zunächst drei Episoden, die verdeutlichen, dass auch ganz alltägliche Gewohnheiten und Umgangsweisen von tiefer liegenden Normen, Werten und Verhaltenserwartungen einer Kultur bestimmt werden und bereits relativ banale Verhaltensunterschiede Hinweise auf allgemeine kulturelle Unterschiede liefern.

Beispiel 1: Spaß haben

Situation

Nachdem Sebastian ein halbes Jahr in den USA verbracht hatte, wollte er gerne durch eine mehrwöchige Reise quer durch die Staaten sein Amerikabild etwas erweitern. Da er allein wohnte und seine Wohnung während seiner Abwesenheit längere Zeit unbewacht gewesen wäre, bat er seinen amerikanischen Freund David, ab und zu nach der Wohnung zu sehen. Sebastian rief während seiner Urlaubsreise gelegentlich David an, um sich unter anderem zu versichern, ob mit seiner Wohnung noch alles in Ordnung sei. David fragte ihn jedes Mal bei diesen Telefongesprächen, ob er Spaß habe. Sebastian merkte, wie er zunehmend genervt auf diese Frage reagierte, weil er nicht wusste, was er darauf antworten sollte. Er dachte, dass David ihn wirklich auch was Wichtigeres fragen könnte, zum Beispiel was er in der Zwischenzeit gemacht und erlebt hatte.

Warum stellte David ihm immer diese Frage?

- Lesen Sie nun die Antwortalternativen nacheinander durch.
- Bestimmen Sie den Erklärungswert jeder Antwortalternative für die gegebene Situation und kreuzen Sie ihn auf der darunter befindlichen Skala an. Es ist möglich, dass mehrere Antwortalternativen den gleichen Erklärungswert besitzen.

■ Deutungen

a) Für Amerikaner ist es sehr wichtig, dass sich Besucher in ihrem Land wohl fühlen. Sie sind daher um das Wohlergehen der Gäste besorgt und wollen immer wissen, ob es ihnen auch wirklich gefällt.

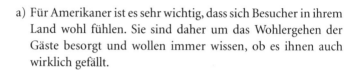

| sehr zutreffend | eher zutreffend | eher nicht zutreffend | nicht zutreffend |

b) Die Urlaubserlebnisse von Sebastian interessierten David eigentlich nicht besonders, die Frage war rhetorisch gemeint.

| sehr zutreffend | eher zutreffend | eher nicht zutreffend | nicht zutreffend |

c) Urlaub wird nur unter dem Aspekt des Sich-Vergnügens gesehen. Hauptsache man hat Spaß, was man gesehen oder erlebt hat, ist weniger entscheidend.

| sehr zutreffend | eher zutreffend | eher nicht zutreffend | nicht zutreffend |

d) »Are you having fun?« ist eine typisch amerikanische Redewendung, die nicht wörtlich gemeint, sondern als Frage nach den bisherigen Erlebnissen und Aktivitäten zu verstehen ist.

| sehr zutreffend | eher zutreffend | eher nicht zutreffend | nicht zutreffend |

■ Bedeutungen

Erläuterung zu a):

Diese Erklärung ist nicht gleich als falsch von der Hand zu weisen, da es für Amerikaner wirklich wichtig ist, dass man sich bei ihnen wohl fühlt und insbesondere einen positiven Eindruck von den USA gewinnt, was mit dem Stolz auf das eigene Land und dem »American Way of Life« zusammenhängt. Von daher wird man in Amerika als Besucher oft der Frage begegnen, wie es einem gefällt. Diese Frage sollte möglichst positiv und nicht gleich mit eher kritischen Anmerkungen beantwortet werden, auch wenn das nicht unbedingt der eigentlichen Einstellung entspricht, weil sich Amerikaner ansonsten schnell verletzt und enttäuscht fühlen könnten. Eine weniger positiv lautende Antwort erscheint für sie unhöflich und »rude«. In diesem Fall geht Höflichkeit und Freundlichkeit vor absoluter Ehrlichkeit.

Solche Fragen wie die von David drücken also – wie richtig erkannt wurde – ein Interesse der Amerikaner am Wohlgefallen der Besucher aus. Allerdings erfasst diese Erklärung noch nicht den zentralen Aspekt der Situation.

Erläuterungen zu b):

Sicherlich gibt es gerade in der amerikanischen Ausdrucksweise einige Redewendungen, die nur eine Art Floskeln und keine wörtlich zu nehmenden Aussagen darstellen, wie etwa, um die geläufigsten zu nennen, »Nice to meet you!«, »See you later!« oder »How are you?«. Meistens drücken diese eine freundliche, höfliche, umeinander bemühte Grundhaltung aus, die für Amerikaner eine hohe Bedeutung hat und daher gleichfalls die Sprache geprägt hat. Einerseits muss man nun aufpassen, dass man solche Floskeln nicht gleich wörtlich nimmt und entsprechend unberechtigte Erwartungen entwickelt, andererseits sollte man aber auch nicht sofort daraus schließen, dass sich der Gesprächspartner in Wirklichkeit gar nicht für einen interessiert. Welche Einstellung der Kommunikationspartner wirklich hat, muss erst behutsam durch ein weiteres Gespräch erschlossen werden.

Im vorliegenden Fall haben Sie offensichtlich den Fehler begangen, davon auszugehen, dass es sich bei dieser Frage nur um eine der amerikanischen Floskeln handeln kann, auf die überhaupt keine wirkliche Antwort erwartet wird. Die Frage von David drückte jedoch wirkliches Interesse an den Urlaubserlebnissen von Sebastian aus und war keineswegs nur rhetorisch gemeint. Hier zeigt sich, dass es gerade am Anfang des USA-Aufenthaltes wichtig und sinnvoll ist, durch »Metakommunikation«, das heißt durch Gespräche über die bestehenden Gesprächs- und Ausdrucksweisen, herauszubekommen, welche Redewendungen bestehen und wie bestimmte Aussagen gemeint und zu erwidern sind. Suchen Sie bitte noch einmal nach einer anderen Erklärung.

Erläuterungen zu c):

Nein, die gewählte Antwort ist falsch! Vermutlich hat hier das Vorurteil vom vergnügungs- und unterhaltungssüchtigen, unkritischen Amerikaner hineingespielt. Aber so pauschal sollte man nicht gleich urteilen.

Spaß-haben-Wollen oder Sich-vergnügen-Wollen ist für Amerikaner ein akzeptiertes und oft angestrebtes Handlungsmotiv. Sich-Vergnügen, gerade in der Jugendzeit, wird als wichtig angesehen. Und mit diesem Anspruch gehen daher auch viele Undergraduate-Studenten an ihr Leben heran. »Have fun« ist ein typisches Abschiedswort, das amerikanische Eltern ihren Kindern mit auf den Weg geben.

Diese Anerkennung der Wichtigkeit von Vergnügen kommt in der Frageform von David sicherlich zum Ausdruck, was aber nicht unbedingt heißt, dass das alles ist, was zählt. Also nicht gleich jede Frage oder Formulierung wörtlich nehmen und irrtümlicherweise als Bestätigung bestehender Vorurteile interpretieren. Schauen Sie sich die Situation und die Erklärungen bitte noch einmal an.

Erläuterungen zu d):

Mit dieser Erklärung haben Sie die Frage am treffendsten beantwortet! Es handelt sich hier tatsächlich um einen typisch amerikanischen Ausdruck, der aber – wie es Sebastian irrtümlicherweise gemacht hat – nicht wörtlich zu nehmen ist und daher eine gar nicht so eingeschränkte Bedeutung hat. Vielmehr wird damit das gleiche ausgedrückt wie mit »What have you been doing?« oder

»Tell me what all happened!«. David wollte also ganz allgemein erfragen, wie sich Sebastian fühlte und was er erlebt hatte, und bot ihm die Gelegenheit, Näheres oder Besonderes zu erzählen. Eine wichtige Schlussfolgerung wäre demnach, dass man nicht alles wörtlich übersetzen sollte, da dadurch leicht Missverständnisse entstehen können.

Ein anderer, vielleicht ganz brauchbarer Tipp ist, dass es unter Amerikanern kaum üblich ist, auf eine solche Frage, besonders wenn sie von weniger gut bekannten Personen gestellt wird, gleich mit negativen Äußerungen zu reagieren. Problematische Aspekte, Ausdrücke des Genervtseins, der Verärgerung oder der Enttäuschung sollte man lieber, sofern man sich nicht gut kennt, nicht ansprechen oder zumindest erst nach einigen positiven Äußerungen in abgeschwächter Form erwähnen. Das hängt damit zusammen, dass Amerikaner andere Erwartungen und Ansprüche bezüglich des Umgangs miteinander haben.

▓ Beispiel 2: Das Strandfest

▓ Situation

Jörg und Katharina waren von ihren amerikanischen Freunden zu einem Strandfest eingeladen worden. Es wurde gegrillt, verschiedene Gesellschaftsspiele gespielt und getanzt. Nach einer Weile fühlten sich Jörg und Katharina ein wenig erschöpft und sie beschlossen daher, sich durch ein Bad im Meer etwas zu erfrischen. Da es schon ziemlich dunkel war und die Umkleidekabinen außerdem ein gutes Stück entfernt lagen, zogen sie sich einfach etwas abseits von den anderen um. Die Amerikaner schienen dies auch nicht weiter zu beachten. Nach dem Schwimmen nahmen Jörg und Katharina noch an ein paar Spielen teil und unterhielten sich mit einigen Amerikanern, bis sie sich dann kurz vor Mitternacht verabschiedeten. Jörg und Katharina fanden das Fest sehr gelungen und kehrten mit dem zufrieden stellenden Gefühl heim, sich mit allen Leuten gut verstanden und unterhalten zu haben. Am nächsten Tag waren sie daher sehr erstaunt, als sie von einem anderen, ebenfalls zum Strandfest eingeladenen Deutschen erfuhren, dass es nach ihrem Weggehen noch zu einer Diskussion über ihr Verhalten gekommen sei und einige Amerikaner an ihrem Benehmen Anstoß genommen hätten.

Was hatte wohl die Amerikaner gestört?

– Lesen Sie nun die Antwortalternativen nacheinander durch.
– Bestimmen Sie den Erklärungswert jeder Antwortalternative für die gegebene Situation und kreuzen Sie ihn auf der darunter befindlichen Skala an. Es ist möglich, dass mehrere Antwortalternativen den gleichen Erklärungswert besitzen.

■ Deutungen

a) Die Amerikaner fanden es indiskret, dass sich Jörg und Katharina in aller Öffentlichkeit umgezogen hatten.

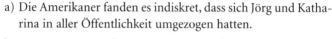

| sehr zutreffend | eher zutreffend | eher nicht zutreffend | nicht zutreffend |

b) Jörg und Katharina hatten sich als Paar von den anderen zu sehr abgesondert und damit die Amerikaner verärgert.

| sehr zutreffend | eher zutreffend | eher nicht zutreffend | nicht zutreffend |

c) Die Amerikaner fanden es sehr unhöflich, dass die beiden schon so früh gegangen sind.

| sehr zutreffend | eher zutreffend | eher nicht zutreffend | nicht zutreffend |

■ Bedeutungen

Erläuterungen zu a):
Ja, das war tatsächlich der Anlass der Diskussion.

Im Gegensatz zum hier in Deutschland vor allem durch die Medien verbreiteten Bild von der Freizügigkeit der Amerikaner und auch im Gegensatz zur verbalen Offenheit der Amerikaner bezüglich sexueller Themen, wo durchaus relativ ungeniert zum Beispiel das letzte sexuelle Abenteuer, die sexuelle Unzufriedenheit mit dem Freund oder Vergewaltigungserlebnisse unter Freunden besprochen werden, gilt körperliche Nacktheit – wenn auch in abnehmendem Maße – immer noch als verpönt oder wird zumindest nicht befürwortet. So sind Nacktaufnahmen im Kino oder in der Werbung sehr selten oder sogar verboten. Selbst in Wohngemeinschaften nur eines Geschlechtes ist es tabu, unbekleidet oder nur spärlich bekleidet etwa den Weg vom eigenen Zimmer zum Badezimmer anzutreten. Saunas sind oft nach Geschlechtern getrennt, wobei trotzdem häufig sogar noch die Badehose oder der Badeanzug getragen wird. Diese »Prüderie« ist offensichtlich ein Überbleibsel des streng religiösen Verhaltenskodex der Puritaner.

Erläuterungen zu b):
Generell ist es richtig, dass man gerade bei Amerikanern auf Ablehnung stoßen kann, wenn man sich auf einer Party von den anderen als Gruppe zu sehr absondert. Es ist auf amerikanischen Partys nicht – wie häufig in Deutschland – üblich sich zu kleinen Gruppen zusammenzuschließen und sich dann während der ganzen Zeit nur in dieser kleinen Gruppe zu unterhalten. In Amerika findet sich zwar auch eine Aufspaltung in kleinere Untergruppen, diese Gruppen sind aber nicht so fest und stabil wie bei uns, sondern verändern sich in ihrer Zusammensetzung. Wenn beispielsweise ein bestimmtes Thema den eigenen Interessen nicht mehr entspricht, entfernt man sich ohne Erklärung und wendet sich einer anderen Gruppe zu. Dieses beständige Mischen, das Herumziehen von einer Gruppe zur nächsten, ist wichtig, weil man mit möglichst vielen Leuten in Kontakt kommen will, möglichst viele Gäste kennen lernen will. Dabei zielt ein solches Kennenlernen meist auf die Identifikation von Interessen und beruflicher Tätigkeit des anderen (»What do you do?«) und weniger auf ein allgemeines Bekanntwerden ab, da diese Aspekte als zentrale Hinweise auf die Person und auf mögliche Gemeinsamkeiten angesehen werden.

Allerdings liegen in der vorliegenden Situation keine Hinweise dafür vor, dass sich Jörg und Katharina während der Party – abgesehen von dem kurzen Bad – von den anderen abgesondert hätten. Der Knackpunkt muss also woanders liegen.

Erläuterungen zu c):
Nein, diese Erklärung entspringt mehr dem deutschen als dem amerikanischen Bezugssystem.

Während in Deutschland, abgesehen von sehr großen Einladungen, von den Gästen erwartet wird, dass man mehr oder weniger den ganzen Abend dabei ist, unabhängig von eigenen Launen und Bedürfnissen, ist es in Amerika durchaus üblich, mal nur kurz auf einer Party vorbeizuschauen. Dies hängt einmal damit zusammen, dass aufgrund der Beliebtheit von Partys, welche auf der Kontaktfreudigkeit der Amerikaner beruht, gerade am Wochenende oft mehrere Partys auf dem Programm stehen und man daher gar nicht so viel Zeit für eine Einladung hat. Außerdem ist bei amerikanischen Studenten die Freizeit durch den hohen Studienaufwand sehr begrenzt und dann oft völlig verplant, so dass auch von daher weniger Zeit zur Verfügung steht. Am wichtigsten ist, dass Amerikaner Wert auf den eigenen Freiraum legen und sich daher zum Beispiel nicht so verpflichtet fühlen, den ganzen Abend bei einem Gastgeber zu verbringen, wenn sie noch andere Dinge machen möchten oder sich nicht besonders wohl oder unterhalten fühlen. Lesen Sie bitte die Situation noch einmal in Ruhe durch und wählen Sie dann eine andere Antwort!

▪ Beispiel 3: Der Restaurantbesuch

▪ Situation

Uwe und Markus lebten zwar bereits seit zwei Monaten in Amerika, hatten aber trotzdem bisher nur das Mensaessen oder Fastfood genossen. Deshalb beschlossen sie eines Tages, einmal in ein richtiges Restaurant zum Essen zu gehen. Ihre amerikanischen Freunde hatten sie schon darauf vorbereitet, dass man sich in Amerika in einem Restaurant nicht einfach an einen freien Tisch setzt, sondern wartet, bis man durch die Bedienung einen Tisch zugewiesen bekommt. Nachdem die Bedienung sie zu einem Tisch geführt hatte, sie bestellt und dann gegessen hatten, erschien die Kellnerin alle fünf Minuten und fragte, ob sie noch etwas wünschten. Uwe erklärte ihr schließlich, dass sie sich nur noch ein bisschen unterhalten möchten, aber nichts mehr bestellen wollten. Nach einer gewissen Zeit legte die Kellnerin ihnen unaufgefordert die Rechnung vor. Uwe und Markus deuteten dies als Zeichen, dass sie nun gehen sollten. Da sie das ständige Nachfragen der Kellnerin ziemlich genervt hatte und sie sich nun auch noch hinausgeworfen fühlten, gaben sie ihr nur ein sehr kleines Trinkgeld. Als die Kellnerin dies feststellte, schien sie ziemlich verärgert zu sein.

– Lesen Sie nun die Antwortalternativen nacheinander durch.

– Bestimmen Sie den Erklärungswert jeder Antwortalternative für die gegebene Situation und kreuzen Sie ihn auf der darunter befindlichen Skala an. Es ist möglich, dass mehrere Antwortalternativen den gleichen Erklärungswert besitzen.

■ Deutungen

a) Die Kellnerin ärgerte sich verständlicherweise über das geringe Trinkgeld und zeigte dies ungehemmt, da Amerikaner in ihren Gefühlsäußerungen spontan und offen sind.

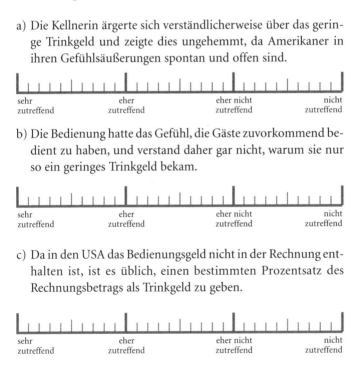

sehr	eher	eher nicht	nicht
zutreffend	zutreffend	zutreffend	zutreffend

b) Die Bedienung hatte das Gefühl, die Gäste zuvorkommend bedient zu haben, und verstand daher gar nicht, warum sie nur so ein geringes Trinkgeld bekam.

sehr	eher	eher nicht	nicht
zutreffend	zutreffend	zutreffend	zutreffend

c) Da in den USA das Bedienungsgeld nicht in der Rechnung enthalten ist, ist es üblich, einen bestimmten Prozentsatz des Rechnungsbetrags als Trinkgeld zu geben.

sehr	eher	eher nicht	nicht
zutreffend	zutreffend	zutreffend	zutreffend

◼ Bedeutungen

Erläuterung zu a):

Mit dieser Antwort wird der eigentliche Sachverhalt überhaupt nicht getroffen! Die Kellnerin ärgerte sich berechtigterweise über das geringe Trinkgeld, aber die Annahme, dass Amerikaner ihre Gefühle ungehemmt und offen zum Ausdruck bringen, ist völlig falsch. Amerikaner sind im Umgang miteinander offener und mitteilsamer als wir, das bedeutet aber nicht, dass sie auch ihre eigenen Gefühle und Empfindungen offen zeigen. Vielmehr ist es so, dass sie bei positiven Gefühlen wie Begeisterung und Freude sehr überschwänglich im Ausdruck sein können, aber negative Gefühle wie Ärger, Trauer oder Enttäuschung nur sehr selten nach außen tragen. In der Regel zeigen Amerikaner in der Öffentlichkeit keine negativen Emotionen, sondern sind um einen gleich bleibenden optimistischen oder freundlichen Ausdruck bemüht. Bitte versuchen Sie, eine bessere Antwort zu finden.

Erläuterungen zu b):

Mit dieser Erklärung wird genau der Kernpunkt der Sache getroffen. In Amerika gilt es tatsächlich als guter Service, wenn die Bedienung immer wieder mal nachfragt, ob noch etwas gewünscht wird. Ein solches Nachfragen wird nicht als aufdringlich empfunden, sondern als Ausdruck des Bemühens um den Gast oder Kunden gesehen, denn Bemühen um den Kunden wird in den USA wesentlich wichtiger genommen als bei uns. Außerdem ist es in Amerika unüblich, in einem Restaurant nach dem Essen länger sitzen zu bleiben, nur um sich noch zu unterhalten. Das hängt damit zusammen, dass für Amerikaner ein mehr zielloses Plaudern ungewohnt ist und ihnen oft zu ineffektiv erscheint. Folglich wird in Restaurants davon ausgegangen, dass die Gäste bald nach Beendigung des Essens gehen, und daher meist nach der letzten Bestellung unaufgefordert die Rechnung gebracht, was dann eben auch als Zeichen der Aufmerksamkeit gilt. Insofern hatte die Kellnerin sicherlich nicht das Gefühl, etwas falsch gemacht zu haben und konnte sich somit das niedrige Trinkgeld wohl kaum erklären.

Erläuterungen zu c):
Mit diesem Hintergrund lässt sich die Verärgerung der Kellnerin teilweise erklären. Während in Deutschland das Bedienungsgeld schon bei der Rechnung mitberechnet wird und das Trinkgeld somit etwas Zusätzliches ist, das man bei zufrieden stellender Bedienung noch darüber hinaus bezahlt, ist in den USA das Bedienungsgeld, von dem eine Bedienung ja praktisch lebt, noch nicht in der Rechnung enthalten und muss vom Gast selbst dazugerechnet werden. Dabei gibt man in der Regel 15 Prozent des Rechnungsbetrags. Die Kellnerin war folglich verständlicherweise verärgert, weil Uwe und Markus ihr sozusagen die offiziell zustehende Bezahlung versagten. Es gibt aber darüber hinaus noch einen anderen, sehr wesentlichen Grund für die Reaktion der Bedienung.

■ Hintergrundinformationen zu den einführenden Beispielen

Die dargestellten Situationen zeigen, dass es für das Zurechtfinden in einer anderen Kultur nicht reicht, nur die Sprache zu beherrschen. Das Vertrauen auf die Sprachkenntnisse birgt unter anderem die Gefahr zu übersehen, dass nicht alles wörtlich übersetzt werden darf, sondern jede Kultur Worte und Aussagen in einem anderen Bedeutungszusammenhang sieht. Doch nicht nur die Kommunikationsformen und Bedeutungszuschreibungen, auch die Umgangsformen können verschieden sein.

Solche Begebenheiten, wie die geschilderten, lassen sich in Gesprächen mit Amerikanern leicht klären. Problematisch ist allerdings, dass man oft die Notwendigkeit dazu nicht sieht. Man bedenkt häufig nicht, dass aufgrund der eigenen, kulturell geprägten Sichtweise das Verhalten des fremdkulturellen Interaktionspartners bisweilen falsch interpretiert wird. So können schnell Missverständnisse oder Verunsicherungen entstehen und bestehende Vorurteile vermeintlich Bestätigung finden. Deshalb ist es wichtig, sich besonders vor oder zu Anfang des USA-Aufenthaltes bei Amerikanern oder USA-erfahrenen Deutschen nach allgemeinen kulturellen Unterschieden und nach solchen typischen Verhaltens- und Kommunikationsgewohnheiten zu erkundigen, um sich das Einleben nicht unnötig zu erschweren.

■ Themenbereich 1: »Patriotismus«

■ Beispiel 4: Das »Deutsche Viertel«

■ Situation

Manuela und Stefanie wurden von amerikanischen Mitstudenten zum Essen ins »Deutsche Viertel« eingeladen, wo es deutsche Kneipen mit deutscher Volksmusik gab. Die Amerikaner waren sehr stolz auf dieses »Deutsche Viertel«. Manuela und Stefanie fanden es jedoch ziemlich lächerlich und machten sich über die Musik und die bayerischen Lederhosen lustig. Die Amerikaner konnten dies überhaupt nicht verstehen und wirkten durch das Verhalten der Mädchen gekränkt. Sie sagten, dass sie bald gehen wollten, weil sie ja nur ausgelacht würden. Manuela und Stefanie konnten ihrerseits nicht begreifen, warum die amerikanischen Freunde ihre Reaktionen gleich so auf sich bezogen.

Welche der folgenden Erklärungen würden Sie Manuela und Stefanie nennen?

– Lesen Sie nun die Antwortalternativen nacheinander durch.
– Bestimmen Sie den Erklärungswert jeder Antwortalternative für die gegebene Situation und kreuzen Sie ihn auf der darunter befindlichen Skala an. Es ist möglich, dass mehrere Antwortalternativen den gleichen Erklärungswert besitzen.

■ Deutungen

a) Für die Amerikaner war die Einladung nicht gerade billig gewesen und daher vor allem in Erwartung eines netten Abends gemacht worden, so dass sie nun recht enttäuscht waren, als Manuela und Stefanie keinen großen Gefallen daran fanden.

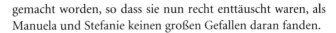

sehr	eher	eher nicht	nicht
zutreffend	zutreffend	zutreffend	zutreffend

b) Die Amerikaner waren stolz gewesen, den Mädchen in Amerika sozusagen ein Stück Heimat bieten und ihnen damit eine Freude bereiten zu können, und waren deshalb gekränkt, als Manuela und Stefanie sich nur darüber lustig machten.

sehr	eher	eher nicht	nicht
zutreffend	zutreffend	zutreffend	zutreffend

c) Da die Amerikaner aufgrund der Unkenntnisse über das tatsächliche Deutschland das »Deutsche Viertel« als authentisch empfanden, konnten sie das Verhalten von Manuela und Stefanie nicht verstehen.

sehr	eher	eher nicht	nicht
zutreffend	zutreffend	zutreffend	zutreffend

■ Bedeutungen

Erläuterung zu a):
Diese Antwort mag sicherlich eine sinnvolle Erklärung sein, die sowohl für Amerikaner als auch für Deutsche zutreffen könnte, denn wer ist nicht enttäuscht, wenn eine nett gemeinte Einladung nicht so recht ankommt.

In dieser Situation gibt es jedoch einen entscheidenderen und gerade für Amerikaner relativ charakteristischen Grund für die Reaktion der Mitstudenten, die ja nicht nur enttäuscht, sondern sogar gekränkt waren.

Erläuterungen zu b):
Mit dieser Antwort wird die Reaktion der Amerikaner am besten erklärt! Es spielen hier genau genommen zwei Aspekte eine Rolle. Einmal ist für Amerikaner eine positive Rückmeldung von Seiten ihrer Mitmenschen sehr wichtig. Man ist daher im Umgang mit-

einander darum bemüht, sich gegenseitig zu bestätigen, zu be-
stärken und Positives beim anderen hervorzuheben. Amerikaner
hätten an der Stelle von Manuela und Stefanie daher vermutlich
zum Ausdruck gebracht, dass sie sich über ihr Bemühen freuen
und es zu schätzen wissen. Die deutschen Mädchen haben stattdessen eher das Gegenteil gemacht: Anstatt das Bemühen ihrer
Mitstudenten entsprechend zu würdigen und positives Feedback
zu geben, werteten sie es durch ihr Verhalten ab und zogen es ins
Lächerliche.

Dies ist der eine Aspekt. Der andere betrifft den Patriotismus
der Amerikaner. Amerikaner empfinden gegenüber ihrem Land,
ihrer Lebensweise, ihrer Demokratie und Verfassung ein Gefühl
von Stolz. Es ist für sie daher von Bedeutung, dass die Vorzüge
ihres Landes oder Systems auch von Ausländern geschätzt und
anerkannt werden. Da sie sich viel stärker mit ihrer Nation identifizieren als etwa wir Deutsche, sind sie persönlich betroffen und
enttäuscht, wenn Ausländer eine kritische oder gar ablehnende
Haltung gegenüber den USA einnehmen und nicht die positiven
Seiten anerkennen. Deswegen ist es sehr wichtig, als Gast nicht
gleich auf Fehler und Schwächen in Politik, Gesellschaftsord-
nung, Lebensstil etc. hinzuweisen, sondern zuerst einmal möglichst von sich aus das anzusprechen, was einen an den Staaten
und seinen Menschen beeindruckt oder einem gefällt. Das soll
jetzt nicht heißen, dass man das Blaue vom Himmel lügen muss,
sondern einfach das Kritisieren etwas zurückstellen sollte, um
nicht unhöflich zu erscheinen.

Wie auch in einer der vorangegangenen Situationen wird hier
deutlich, dass unter Amerikanern nicht immer absolute Ehrlichkeit, sondern manchmal Freundlichkeit und Höflichkeit Priorität
hat.

Erläuterungen zu c):
So falsch liegen Sie mit dieser Antwort bei einigen Amerikanern
sicherlich nicht, auch wenn dies nicht die zentrale Erklärung ist.

Zu unserem Erstaunen besitzen manche Amerikaner recht dif-
fuse und eigenartige Vorstellungen über Deutschland, die beispielsweise in Fragen zum Ausdruck kommen wie »Gibt es in
Deutschland auch Pfirsiche zu kaufen?« oder »Habt Ihr auch

Waschmaschinen?«. Bevor man sich über solche Un- oder Fehlkenntnisse lustig macht oder gar ärgert, sollte man sich lieber zur »Aufklärungsarbeit« angespornt sehen und vor allem bedenken, welche Faktoren für diese »Ungebildetheit« verantwortlich sind. Ganz wesentlich ist zum Beispiel, dass für Amerikaner Deutschland nur ein kleines Fleckchen auf der Weltkugel ist, während für uns die USA eine ganz zentrale Rolle in der Weltgeschichte und auch in unserer eigenen Geschichte spielt. Amerikaner sind aufgrund der Größe ihres Landes und des Umfangs ihrer Bevölkerung viel stärker mit eigenen innenpolitischen Belangen beschäftigt als ein so kleines Land wie Deutschland, für das Außenpolitik ein ganz wesentlicher Bestandteil der gesamten Politik ist. Das Deutschlandbild der Amerikaner ist zudem aufgrund der mehr inlandsbezogenen Nachrichten, die nur bei Sensations- oder Katastrophenmeldungen die Spotlights über den Atlantik lenken, und der ansonsten meist recht klischeehaften Fernsehfilme oft zwangsläufig verzerrt und unfundiert. Selbst in den Lehrbüchern zum Deutschunterricht, die die Vorstellungen junger Amerikaner über Deutschland mitbestimmen, wird häufig ein freundliches, sonniges und romantisch überzeichnetes Bild von Deutschland vermittelt. Daher ist es natürlich gut möglich, dass die amerikanischen Mitstudenten nicht die Klischeehaftigkeit und Verkitschtheit des vermeintlichen »Deutschen Viertels« erkannten und folglich die Reaktion der Mädchen nicht recht verstanden.

Hinzu kommt, dass Amerikaner eventuell im umgekehrten Falle – das heißt, wenn sie im Ausland einer solchen verzerrten Imitation ihrer Heimat begegnen würden – nicht so wie die Deutschen ablehnend reagiert hätten, sondern eher gerührt gewesen wären und einen gewissen Stolz darüber empfunden hätten, dass man ihrem Land ein eigenes Viertel widmet. Die amerikanischen Mitstudenten waren vermutlich darüber erstaunt, dass sich die Deutschen über ihr Land und ihre Bräuche lustig machten, statt sich über dieses »Stück Heimat in der Fremde« zu freuen.

Vielleicht ist jetzt schon ein bisschen deutlich geworden, wo der eigentliche Grund für das Verhalten der Amerikaner liegen könnte, denn die gewählte Antwort kann zwar eventuell ein Unverständnis auf Seiten der Amerikaner, nicht aber das geschilderte Gefühl des Gekränktseins erklären.

40

■ Beispiel 5: Diskussion über Politik

■ Situation

Im Rahmen einer Veranstaltung des »Internationalen Clubs« wurde Thomas von einem älteren amerikanischen Ehepaar zum Essen eingeladen. Im Verlauf des Essens kamen sie auch auf das Thema Politik zu sprechen. Thomas äußerte ganz offen seine politische Einstellung, was bei den Amerikanern sichtlich Verwunderung auslöste. Als der Gastgeber ihn fragte, ob er es gut fände, dass man in Deutschland so viele Steuern zahlen müsse, wies Thomas auf den Schmutz und die Kriminalität in den amerikanischen Großstädten hin und meinte, er sei da schon froh, dass in Deutschland Steuergelder zur Vermeidung solcher Zustände verwendet werden könnten. Auf diese Aussage reagierte das Ehepaar ziemlich verständnislos und irritiert. Der Mann kam ganz plötzlich auf ein völlig anderes Thema zu sprechen.

Warum reagierte das amerikanische Ehepaar so auf die Antwort von Thomas?

– Lesen Sie nun die Antwortalternativen nacheinander durch.
– Bestimmen Sie den Erklärungswert jeder Antwortalternative für die gegebene Situation und kreuzen Sie ihn auf der darunter befindlichen Skala an. Es ist möglich, dass mehrere Antwortalternativen den gleichen Erklärungswert besitzen.

■ Deutungen

a) Das Ehepaar war stolz auf sein Land und von der Richtigkeit der amerikanischen Politik überzeugt und wollte sich daher nicht auf eine kritischere Betrachtungsweise einlassen.

| sehr | eher | eher nicht | nicht |
| zutreffend | zutreffend | zutreffend | zutreffend |

b) Das Ehepaar war nicht besonders politisch informiert und an politischen Themen nicht interessiert genug, um sich auf tiefer gehende politische Diskussionen einzulassen.

41

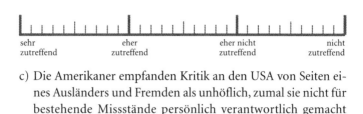

sehr   eher   eher nicht   nicht
zutreffend   zutreffend   zutreffend   zutreffend

c) Die Amerikaner empfanden Kritik an den USA von Seiten eines Ausländers und Fremden als unhöflich, zumal sie nicht für
bestehende Missstände persönlich verantwortlich gemacht
werden wollten.

sehr   eher   eher nicht   nicht
zutreffend   zutreffend   zutreffend   zutreffend

d) Das Ehepaar verstand die Argumentation von Thomas nicht,
da ihrer Meinung nach Schmutz oder Kriminalität nichts mit
Einsatz vor Steuergeldern zu tun hat.

sehr   eher   eher nicht   nicht
zutreffend   zutreffend   zutreffend   zutreffend

■ Bedeutungen

Erläuterung zu a):

Die gewählte Erklärung trifft insofern bedingt zu, als tatsächlich
bei vielen amerikanischen Bürgern eine patriotische Einstellung
zu finden ist. Dabei bezieht sich ihr Stolz vor allem auf das politische System der Vereinigten Staaten, das heißt auf die amerikanische Verfassung mit der Garantie von Freiheit und Gleichheit
sowie auf die demokratische Struktur. Dagegen hat der Stolz und
das Vertrauen in die politischen Institutionen wie Präsident,
Kongress und Oberster Gerichtshof innerhalb der letzten Jahr-
zehnte eine gewisse Erschütterung erfahren.

Die gewählte Antwort ist jedoch deshalb nicht die beste, weil
sich der Nationalstolz der Amerikaner keineswegs auch auf die
amerikanischen Politiker erstrecken muss. Die Amerikaner stehen nicht unbedingt unkritisch hinter ihren Politikern oder deren Entscheidungen, sondern betrachten häufig sogar Regierung
und Verwaltung an sich als ein notwendiges Übel, dem man mit
einem gewissen Misstrauen begegnen sollte. Man meistert seine
Probleme lieber allein und ist gegenüber Autoritäten skeptisch.

Allerdings wird die Regierung Amerikas trotzdem noch als die beste angesehen.

Aus der patriotischen Haltung vieler Amerikaner folgt nicht notwendigerweise, dass sie gegenüber negativen Seiten oder Fehlern der eigenen Politik die Augen verschließen. So mancher Amerikaner tritt mit dem Anspruch auf Offenheit an die Regierung heran, will ebenso von negativen Informationen unterrichtet werden und betrachtet selbstkritisch die eigene Politik. Diese Selbstkritik erwächst vor allem aus der Tatsache, dass die USA auf der Grundlage von Idealen entstanden ist, die auch offen verkündet wurden und in die Verfassung eingegangen sind. Entsprechend wird der Abstand zwischen diesem durch die Ideale definierten Soll-Zustand und dem momentanen Ist-Zustand Amerikas laufend begutachtet.

Die Tatsache, dass sich das Ehepaar nicht auf eine kritische Diskussion einlassen wollte, kann demzufolge nicht mit der Behauptung einer allgemeinen unkritischen Einstellung der Amerikaner zur heimatlichen Politik erklärt werden. Hier liegt ein anderer, treffenderer Grund vor.

Erläuterungen zu b):

Dies ist eine etwas pauschale Antwort. Der Eindruck, dass Amerikaner politisch ungebildet sind, entsteht bei vielen Deutschen aufgrund des überraschenden Wissensdefizits vieler Amerikaner bezüglich deutscher Geschichte und Politik. Die Kenntnisse der Amerikaner über das Ausland sind oft erschreckend mangelhaft und klischeehaft, wobei das Fernsehen einen wesentlichen Anteil daran hat. So werden in den Nachrichtensendungen und Pressemeldungen ausländische Berichte, abgesehen von Sensations- und Katastrophenmeldungen, stark vernachlässigt. Andererseits muss man in Anbetracht der Größe Amerikas die Beschränkung politischer Informationen auf den Bereich der Lokalpolitik auch verstehen. Für Washington ist Deutschland nur ein kleiner Ausschnitt aus der Welt, während für Deutschland Amerika ein übermächtiger Bezugspunkt der Politik ist, unser großer Bruder eben. Politisch engagiert sind Amerikaner oft nur, wenn sie unmittelbar selbst betroffen sind. Abgesehen davon hängt ein fehlendes politisches oder zumindest außenpolitisches Bewusstsein nicht unwesentlich mit der gerade in öffentlichen Schulen Amerikas bemängelten Bildungsqualität zusammen, so dass man hier gar nicht einmal dem Einzelnen mit Vorwürfen begegnen sollte.

Zuletzt gilt, dass in Amerika wie bei uns sowohl – wenn auch aus den genannten Gründen fehlender Bewusstseinsschaffung und Informationsvermittlung eventuell mehr – politisch desinteressierte Menschen, aber ebenso politisch engagierte Bürger vertreten sind. Mit der gewählten Antwort werden die Amerikaner zu pauschal in den Topf der ungebildeten Masse geworfen. Bitte schauen Sie sich daher die anderen Erklärungen noch einmal an.

Erläuterungen zu c):
Dies ist die beste Erklärung für die Reaktion des Ehepaares. Auch Amerikaner, die sich sehr selbstkritisch über die Politik der eigenen Regierung äußern, lehnen kritische Anmerkungen von Ausländern über die eigenen Missstände und Fehler ab und empfinden dies als unhöflich und »rude«. Das hängt vor allem damit zusammen, dass sich aufgrund des schon angesprochenen Nationalstolzes Amerikaner viel stärker mit ihrem Land identifizieren und sich folglich auch schneller durch politische Kritik persönlich angegriffen fühlen. Daher sollte man sich als Gast bei politischen Diskussionen, zumindest sofern sie das Gastland betreffen, zurückhalten. Kritische Feststellungen sollte man allenfalls unter guten Freunden äußern, keinesfalls aber gegenüber Fremden oder auf offizielleren Einladungen, wo es den Gastgebern in erster Linie um ein harmonisches, geselliges und unterhaltsames Zusammensein geht.

Erläuterungen zu d):
Selbst wenn die Amerikaner nicht ganz der Argumentationsweise von Thomas folgen konnten, da sie die Ursachen der angesprochenen Missstände beispielsweise woanders lokalisierten, erklärt dies nicht das Erstaunen und vor allem den raschen Themenwechsel. Schauen Sie sich bitte noch einmal die Situation an.

■ Kulturelle Verankerung von »Patriotismus«

Die in den vorangegangenen Situationen dargestellten amerikanischen Verhaltens- und Reaktionsweisen lassen sich in erster Linie mit dem Kulturstandard »Patriotismus« erklären. Als gebrannte Kinder des Nationalsozialismus haben gerade die Deutschen Probleme, den naiven Nationalstolz der Amerikaner zu akzeptieren. Wir empfinden oft Unbehagen, wenn wir als Besucher der Staaten vielfach nationalen Symbolen, wie etwa der amerikanischen Flagge, begegnen, die die Amerikaner für uns überraschenderweise ohne Hemmungen zur Schau stellen.

Diese stolze Haltung der Amerikaner zu ihrem eigenen Land kann man vielleicht besser verstehen und akzeptieren, wenn man sich bewusst macht, dass aufgrund der historischen und politischen Entwicklung der Vereinigten Staaten Patriotismus für Amerikaner eine ganz andere Wertung besitzt als vergleichsweise für uns Deutsche, die wir diese Haltung angesichts der eigenen geschichtlichen Vergangenheit wohl zwangsläufig mit einer gewissen Skepsis betrachten. Über die gesamte amerikanische Geschichte hinweg gab es nur eine demokratische Regierungsform, sowohl in schlechten als auch in guten Zeiten. Folglich assoziieren die Amerikaner Nationalstolz nicht mit totalitären Systemen wie wir.

Außerdem haben nationale Gefühle durch die besondere geschichtliche Entwicklung eine ganz andere Begründung und Bedeutung erhalten als etwa in Deutschland. Die Bürger Amerikas bzw. ihre Vorfahren haben sich mit dem Entschluss zur Auswanderung meist bewusst zum Amerikanertum entschieden. Häufig wurden sie von der Vorstellung einer »neuen Welt« angelockt und waren dann mehr oder weniger zwangsläufig viel eher geneigt, die Vorzüge der amerikanischen Lebensweise anstatt die negativen Seiten zu sehen. Schon um den eigenen Entschluss, die Heimat aufzugeben, zu bekräftigen und zu rechtfertigen, ist man kaum mit einer kritischen und skeptischen Grundhaltung an die neue Heimat herangetreten.

Für viele Einwanderer war Amerika nicht nur eine politische oder wirtschaftliche, sondern auch eine religiöse Zufluchtstätte. Presbyterianer, Puritaner, Quäker, Mormonen, Sektierer und andere sahen in Amerika das Land, wo sie ihre religiösen Vorstellungen verwirklichen und ausleben konnten, wo sie das Land Gottes aufbauen konnten. Amerika wurde für viele das Kanaan, das gelobte Land. Insbesondere der puritanische Glaube schuf den Mythos vom auserwählten Volk, der bis heute noch eine gewisse Dynamik besitzt. Der Nationalstolz der Amerikaner fand somit in der Religion eine Hauptstütze.

Hinzu kommt, dass aufgrund der nie ganz abreißenden Einwanderungswelle und der beständigen Erweiterung der amerikanischen Bevölkerung der gemeinsame Glaube an die Vorzüge des eigenen Landes ein wichtiges Mittel war und ist, um in der heterogenen Gesellschaft eine Gemeinsamkeit, eine Verbindung zu schaffen. Die amerikanische Bevölkerung wurde und wird durch den Glauben an die Ideale der Freiheit und Gleichheit, an die republikanische Regierungsform und die amerikanische Lebensweise zusammengehalten, da ansonsten kaum Gemeinsamkeiten, etwa durch gleiche Abstammung, Religion, Kultur, Sprache oder Kunst, bestehen. So erhielt der Nationalstolz eine ganz wesentliche Bedeutung und positive Bewertung, die bis heute anhält.

Anzumerken ist darüber hinaus, dass sich die patriotische Einstellung der Amerikaner vorwiegend im Stolz auf die Verfassung und die Demokratie ausdrückt, während man »Big Government« also den politischen Repräsentanten und Institutionen, durchaus auch skeptisch gegenübersteht.

■ Themenbereich 2: »Gleichheitsdenken«

■ Beispiel 6: Nachfragen

■ Situation

Während ihres Amerikaaufenthaltes unterrichtete Christine als »teaching assistent« an der Universität Deutsch. Wenn eine von ihr gestellte Hausaufgabe nicht so klar war oder jemand nicht mehr wusste, was aufgegeben worden war, riefen die Studenten regelmäßig bei ihr an, was Christine sehr erstaunte. Wie erklären Sie sich, dass sich die Studenten gleich an Christine wandten und in solchen Fällen nicht erst ihre Mitstudenten um Rat fragten?

– Lesen Sie nun die Antwortalternativen nacheinander durch.
– Bestimmen Sie den Erklärungswert jeder Antwortalternative für die gegebene Situation und kreuzen Sie ihn auf der darunter befindlichen Skala an. Es ist möglich, dass mehrere Antwortalternativen den gleichen Erklärungswert besitzen.

■ Deutungen

a) Die Studenten kannten sich untereinander nicht so gut und hatten daher nur die Telefonnummer von Christine und nicht von ihren Mitstudenten.

sehr	eher	eher nicht	nicht
zutreffend	zutreffend	zutreffend	zutreffend

b) Bedingt durch die starke Konkurrenzsituation an den amerikanischen Universitäten fühlen sich die Studenten mehr als Einzelkämpfer und wenden sich bei Fragen oder Schwierigkei-

49

ten entsprechend seltener an ihre Mitstudenten, sondern eher direkt an die Dozenten.

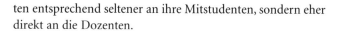

| sehr zutreffend | eher zutreffend | eher nicht zutreffend | nicht zutreffend |

c) Da in den USA für das Studium meist ziemlich hohe Studiengebühren bezahlt werden müssen, sehen sich die Studenten zu der Forderung berechtigt, dass ihre Dozenten jederzeit für sie verfügbar und ansprechbar sein sollten.

| sehr zutreffend | eher zutreffend | eher nicht zutreffend | nicht zutreffend |

d) Das Verhältnis zwischen Studenten und Dozenten ist in den USA viel ungezwungener und weniger hierarchisch geprägt, so dass sich die Studenten bei Fragen oder Problemen ohne Hemmungen auch direkt an ihre Dozenten wenden.

| sehr zutreffend | eher zutreffend | eher nicht zutreffend | nicht zutreffend |

■ Bedeutungen

Erläuterung zu a):
Auf den ersten Blick sieht diese Antwort sehr plausibel aus, aber sie erklärt das Verhalten der Studenten nicht vollständig. Oder würden Sie, nur weil Sie außer dem Dozenten niemanden in einem Kurs kennen, bei Problemen gleich bei ihm selber anrufen? Hier muss also noch ein anderer Grund eine Rolle gespielt haben.

Ansonsten bleibt anzumerken, dass sich in den USA – ähnlich wie in Deutschland – viele Freundschaften zwar weniger allein aufgrund des gemeinsamen Studiums als mehr aufgrund gemeinsamer Interessen ergeben. Dies bedeutet jedoch nicht, dass man mehr oder weniger anonym und auf sich gestellt die einzelnen Veranstaltungen besucht. Es bestehen sehr wohl freundschaftliche Kontakte unter den Studenten und je nach Studienfach kennt man sich eventuell durch gemeinsame Lern- und

Arbeitsgruppen sogar besser. Von daher wäre es sicherlich auch in dieser Situation möglich gewesen, Kommilitonen bei Unklarheiten anzusprechen. Schauen Sie sich bitte die Situation noch einmal an.

Erläuterungen zu b):
Nein, mit der Vermutung eines durch die Konkurrenzsituation ausgelösten »Einzelkämpfertums« liegen Sie leider falsch. Sicherlich führen die starke Auslese an den besseren amerikanischen Universitäten und das auf relative Vergleiche aufbauende Benotungssystem zu einer stärkeren Konkurrenzsituation als bei uns. Hinzu kommt eine allgemeine Gewöhnung an und Befürwortung von Wettbewerb in den USA, die zum Beispiel in einem an einigen amerikanischen Universitäten strikt befolgten Verbot von Abschreiben und gegenseitigem Helfen bei Prüfungen – dem so genannten »code of honour« – zum Ausdruck kommt. Das heißt, oft haben Leistung und Wettbewerb Vorrang vor sozialen Beweggründen. Abgesehen jedoch von konkreten Prüfungssituationen, wo tatsächlich jeder für sich arbeitet, sind die Studenten untereinander im Allgemeinen sehr hilfsbereit, erklären sich gegenseitig den Stoff und lernen und arbeiten in Gruppen. Insofern kann man also wirklich nicht pauschal von einer »Einzelkämpfermentalität« der amerikanischen Studenten sprechen.

Erläuterungen zu c):
Die Studiengebühren sind zwar ein richtig erkannter und auch nicht unbedeutender Tatbestand, das Selbstverständnis aber, dass sich die Dozenten Zeit für die Fragen und Probleme ihrer Studenten nehmen sollten, beruht nur teilweise auf der Tatsache, dass die Studenten für das Studium bezahlen. Das geschilderte Verhalten hängt nicht nur mit organisatorischen oder ökonomischen Aspekten zusammen, sondern beruht auf einer tieferen Überzeugung.

Erläuterungen zu d):
Ja, das ist wirklich die beste Erklärung. Wie auch in anderen Lebensbereichen ist hier der Umgang zwischen Dozenten und Studenten vom Gleichheitsdenken geprägt. Die Umgangsweise ist in Amerika nicht durch den jeweiligen Status der Beteiligten be-

stimmt, sondern leger, informell und gleichrangig. Man bemüht sich, eine Atmosphäre der Gleichheit zu schaffen, auch wenn Personen unterschiedlicher hierarchischer Ebenen interagieren. Ein Zeichen dafür ist beispielsweise, dass sich die Dozenten, nicht wie ihre deutschen Kollegen, hinter verschlossenen Türen mit einer Sekretärin als »Wachhund« verschanzen oder nur zu ganz bestimmten Sprechzeiten zur Verfügung stehen, sondern in der Regel jederzeit bei Problemen ansprechbar sind und sich mehr bemühen, die Wünsche und Bedürfnisse der Studenten ernst zu nehmen. Die Überzeugung der Amerikaner von der Gleichheit der Menschen zeigt sich auch in der Abneigung gegenüber der Verwendung von Titeln. Titel werden selten gebraucht, nur bei Ärzten ist die Anrede »doctor« üblich. Ansonsten werden Personen mit Doktortitel normalerweise nur in akademischen Kreisen mit ihrem Titel angesprochen, es sei denn, es handelt sich um sehr bekannte Persönlichkeiten. Vorgesetzte in den USA bemühen sich ebenfalls, ihre höhergestellte Position nicht durch überlegenes, herablassendes oder kommandierendes Verhalten und durch Machtdemonstrationen herauszustellen. Vielmehr legen sie ihre Füße auf den Tisch, arbeiten in Hemdsärmeln und ohne Krawatte und wollen von ihren Mitarbeitern mit Vornamen angeredet werden, um sich als ihresgleichen zu geben. Verstärkt wird dieses Bemühen um Gleichheit an den Universitäten sicherlich dadurch, dass die Professoren von den Studenten bewertet werden und ihre Position nicht so gefestigt ist wie bei uns, so dass sie sich mehr um die Studenten bemühen müssen.

■ Beispiel 7: Ordnung muss sein

■ Situation

Manfred wohnte mit fünf Amerikanern und einem deutschen Mädchen in einem Haus. Dabei kam es immer wieder mal zu Problemen wegen des Saubermachens. Es wurde zwar ein Ordnungsdienst eingerichtet, aber nicht sehr konsequent eingehalten. So war die Männertoilette meist in einem Ekel erregenden, abstoßenden Zustand. Manfred hatte bisher am häufigsten die Toilette geputzt und ärgerte sich daher zunehmend über diese Situation. Eines Tages heftete er einen Zettel an die Toilettentür mit der Bemerkung »Do your jobs, guys!«. Andrew, normalerweise ein sehr netter und vernünftiger Mitbewohner, reagierte auf diesen Zettel zutiefst verärgert und beleidigt. Aus Protest putzte er in der darauf folgenden Woche die Toilette überhaupt nicht. John, ein anderer Mitbewohner, war zwar nicht so verärgert wie Andrew, kam jedoch ernst blickend auf Manfred zu und meinte, »Manfred, don't do that again!«. Er wollte auch nicht, dass seine wechselnden Freundinnen diesen Zettel sahen.

Wieso reagierten die Mitbewohner gleich so aufgebracht auf den Hinweis von Manfred?

– Lesen Sie nun die Antwortalternativen nacheinander durch.
– Bestimmen Sie den Erklärungswert jeder Antwortalternative für die gegebene Situation und kreuzen Sie ihn auf der darunter befindlichen Skala an. Es ist möglich, dass mehrere Antwortalternativen den gleichen Erklärungswert besitzen.

■ Deutungen

a) Die Mitbewohner waren bezüglich Sauberkeit nicht so pedantisch wie Manfred und fanden daher seine Reaktion ziemlich übertrieben.

sehr	eher	eher nicht	nicht
zutreffend	zutreffend	zutreffend	zutreffend

b) Es handelt sich hier um ein sprachliches Missverständnis, da der Ausspruch »Do your jobs, guys!« für Amerikaner eine unanständige Bedeutung hat.

sehr	eher	eher nicht	nicht
zutreffend	zutreffend	zutreffend	zutreffend

c) Durch den direkten Hinweis auf ihre Pflichten fühlten sich die Mitbewohner zu sehr von Manfred bevormundet.

sehr
zutreffend

eher
zutreffend

eher nicht
zutreffend

nicht
zutreffend

d) Es war den Mitbewohnern sehr peinlich, dass Manfred sie so
direkt auf ihre Schlamperei hinwies.

sehr
zutreffend

eher
zutreffend

eher nicht
zutreffend

nicht
zutreffend

■ Bedeutungen

Erläuterung zu a):
Diese Antwort ist insofern zutreffend, als Amerikaner tatsächlich
nicht so großen Wert auf Ordnung und Sauberkeit legen wie viele
Deutsche. Hier wird sicherlich für einige deutsche Austauschstudenten ein »Konfliktpotenzial« liegen, wenn sie mit Amerikanern
in einer Wohngemeinschaft zusammenleben. Am besten bemüht
man sich gleich von vornherein, die Maßstäbe etwas niedriger
anzusetzen, um sich das ansonsten bereichernde Zusammenleben nicht zu vermiesen. Die gewählte Antwort erklärt allerdings
nicht so recht die Heftigkeit der Reaktion der Mitbewohner. Die
zentrale Ursache der Entrüstung ist damit nicht erfasst.

Erläuterungen zu b):
Mit dieser Vermutung liegen Sie falsch. Die Amerikaner haben
den Inhalt der Nachricht richtig im Sinne Manfreds erfasst. Nicht
die Redewendung an sich war Stein des Anstoßes, sondern vor
allem die Art und Weise des Angesprochen-Werdens. Ansonsten
ist es natürlich sinnvoll und wichtig, auch die Möglichkeit
sprachlicher Missverständnisse zu bedenken. Wie ja schon einmal gesagt, ist es daher nur von Vorteil, sich nach den gängigen
Redewendungen zu erkundigen, Metakommunikation zu betrei-
ben und im Gespräch nachzufragen, wenn man sich über die Bedeutung einer Aussage nicht sicher ist. Bitte wählen Sie eine andere Antwort.

Erläuterungen zu c):
Diese Antwort trifft genau den Kernpunkt des Konfliktes. In den
Augen der Amerikaner hat sich Manfred zu sehr als »Durchgrei-

fer« verhalten, der ihnen vorschreibt, was sie zu tun haben, und dann nicht einmal direkt seine Kritik äußert, sondern den indirekten Weg der schriftlichen Mitteilung wählt. Es sind also zwei Fehler, die Manfred nach Ansicht der Mitbewohner begangen hat. Einmal fühlten sie sich durch diese Art der Anweisung zu sehr bevormundet. Dies beruht darauf, dass in den USA jede Art von autoritärem Verhalten allgemein auf heftige Ablehnung stößt und als Angriff auf das Selbst empfunden wird. Es ist folglich entsprechend inakzeptabel, bestimmte Verhaltensweisen mittels Zwang oder Macht durchzusetzen zu versuchen. Man bemüht sich stattdessen, durch Überzeugen ein gewünschtes Verhalten herbeizuführen. Wenn Manfred anstelle der Ermahnung eine witzige Zeichnung oder Bemerkung als Hinweis gewählt hätte oder sein Anliegen als Bitte oder Wunsch formuliert hätte, hätten vermutlich die Mitstudenten weniger den Eindruck gewonnen, dass ihnen hier jemand Vorschriften macht. Sie hätten das Gefühl bewahren können, wenn, dann aus eigenen, freien Stücken heraus und nicht aufgrund von Zwang ihr Verhalten zu ändern. Zum anderen lehnten die Amerikaner dieses Hintenherum der Ermahnung statt einem direkten Ansprechen der Probleme in einem Gespräch ab. Dadurch erschien ihnen die Anweisung noch mehr als von oben herab. Der eine oder andere von Ihnen wird sich jetzt vielleicht fragen, warum plötzlich in diesem Fall nicht mehr Indirektheit bei den Amerikanern angesagt ist, wo doch in den vorherigen Trainingsabschnitten behauptet wurde, dass Amerikaner keine negativen Gefühle zeigen. Dazu folgende Erklärung: Es ist zwar so, dass Amerikaner oftmals Ärger, Wut, Genervtsein nicht zur Sprache bringen zugunsten einer freundlichen, harmonischen Stimmung, aber wenn wirklich das weitere Zusammenarbeiten oder Zusammenleben störende Konflikte oder Unstimmigkeiten vorliegen, wird dies direkt angesprochen. In den Fällen, in denen ein echtes Problem besteht, wird im Gegensatz zum Verhalten vieler Deutscher eine direkte Konfrontation bevorzugt, in der der eine offen zu seiner Kritik steht und der andere direkt Gelegenheit hat, sich dazu zu äußern, und wo man gemeinsam das Problem zu lösen versuchen kann. Manfred hätte also besser das Gespräch mit seinen Mitbewohnern suchen sollen.

Erläuterungen zu d):
Eine Bemerkung, dass man faul oder schlampig ist, kann natürlich auch von einem Amerikaner als peinlich empfunden werden, allerdings wird dies vermutlich nicht so schnell der Fall sein wie in Deutschland, da in den USA Sauberkeit und Ordnung im Haushalt nicht so einen hohen Stellenwert haben wie bei uns. Und gerade unter amerikanischen Studenten dürfte ein solcher Vorwurf nicht so beleidigend oder bloßstellend sein, dass man gleich in der geschilderten Art und Weise reagiert. Die Studenten hat vielmehr etwas anderes an der Mitteilung von Manfred gestört. Schauen Sie sich die anderen Erklärungen an.

■ Kulturelle Verankerung von »Gleichheitsdenken«

Die soeben behandelten zwei Situationen dienen dazu, auf den amerikanischen Kulturstandard »Gleichheitsdenken« zu verweisen. Wie zu sehen war, äußert sich dieses Gleichheitsdenken einmal darin, dass die Formen der Interaktion nicht durch den sozialen Status oder Rang der Beteiligten bestimmt werden, sondern dass man um eine gleichgestellte Beziehung bemüht ist. Dies zeigt sich unter anderem in einer sehr informellen und ungezwungenen Umgangsweise, in der raschen Verwendung des Vornamens und in dem Verzicht auf Titel. Zum anderen bedeutet Gleichheitsdenken auch eine Ablehnung jeder Art autoritären, bevormundenden oder herablassenden Verhaltens. Unterwerfung unter Autoritäten wird abgelehnt, so werden Kinder zur Unabhängigkeit erzogen, Staat und Verwaltung als autoritäre Institutionen eher misstrauisch betrachtet, im Arbeitsleben Anordnungen und Befehle als negative Führungsmittel angesehen und Überzeugen statt Macht oder Zwang befürwortet.

Bei einigen von Ihnen wird vermutlich beim Hinweis auf diesen Kulturstandard Zweifel oder gar Protest angesichts der offensichtlichen Benachteiligungen bestimmter rassischer oder ethnischer Gruppen in den USA aufgetaucht sein. Daher noch ein paar Erklärungen wie der Kulturstandard »Gleichheitsdenken« zu verstehen ist: Der Glaube an die Gleichheit der Menschen bedeutet nicht, dass man die Ansicht vertritt, allen sollte der gleiche Verdienst, Erfolg oder Lohn zukommen oder jeder sollte den gleichen Wohlstand genießen. Es ist ein Glaube an die gleichen Rechte und Pflichten und vor allem an »equality of opportunity«, das heißt ein Glaube, dass alle Menschen von Geburt an die gleichen Startchancen oder Möglichkeiten haben und nicht von vornherein mit unterschiedlichen Privilegien und Bevorzugungen ausgestattet sind. Jeder bestimmt daher allein durch eigene Anstrengung und Leistung seinen Lebenserfolg, seinen sozialen Status.

Was jeder aus den gleichen Startbedingungen macht, ist seine Sache; hier ist nicht Schicksal oder Pech, sondern jeder selbst für seinen Lebensweg verantwortlich. Hinzuzufügen bleibt, dass dieser Glaube an die gleichen Ausgangsbedingungen mehr ein Ideal, eine abgehobene Wertvorstellung ist, die nicht unbedingt auch das gesamte Handeln und Verhalten prägt. So beschränkt sich die Anwendung des Gleichheitsdenkens meist leider nur auf bestimmte Bevölkerungskreise und bestimmt nicht das Verhalten gegenüber allen Menschen.

Zuletzt noch ein paar Anmerkungen zu der Frage, woher dieses Gleichheitsdenken kommt: Zum einen kann das Gleichheitsdenken auf die Tatsache zurückgeführt werden, dass ein Großteil der amerikanischen Bevölkerung durch Einwanderung zu Amerikanern wurde. So bedeutet der Entschluss zur Emigration an sich schon eine Rebellion gegen Autorität und Unterdrückung, und sei es nur gegen die eigenen Eltern. Durch das Aufeinandertreffen verschiedenster, einander unbekannter Menschen wurden alle früheren sozialen Unterschiede bedeutungslos, da man voneinander nichts wusste und daher ehemalige Machtstellungen, Privilegien oder Leistungen nichts zählten. Jeder, egal welcher sozialen Herkunft, musste wieder bei Null anfangen, um sich eine neue Existenz aufzubauen, jeder hatte mit den gleichen Schwierigkeiten zu kämpfen und jeder hatte – plötzlich frei von allen früheren Unterdrückungen und Klassenschranken, die die feudale Struktur Europas kennzeichneten – die Möglichkeit zum sozialen Aufstieg.

Auch die Lebensbedingungen der Kolonisten und Pioniere trugen zum Aufbau einer klassenlosen Gesellschaft bei. Im Kampf gegen die Natur, im Bemühen um die Erschließung von neuem Land und dem Aufbau einer Infrastruktur erhielt jeder

Mensch Bedeutung, denn jede Arbeitskraft war gefragt. Durch die grenzenlose Verfügbarkeit von Land konnte jeder preiswert eigenen Grund und Boden erwerben und von eigenen Erzeugnissen leben, so dass die Menschen ökonomisch unabhängig und gleichgestellt waren. Jeder hatte freie Zugangsmöglichkeiten zu den noch unerschlossenen Ressourcen, und damit hing es nur noch vom Einzelnen ab, was er daraus machte.

Auf der gesamtgesellschaftlichen Ebene erfuhr das Gleichheitsdenken ebenfalls eine Verstärkung. So war die Gründung der amerikanischen Republik an sich schon ein Akt der Verwerfung von Autorität, indem die Bevormundung durch England mit der Unabhängigkeitserklärung zurückgewiesen wurde. In der amerikanischen Verfassung schließlich wurde dann der Glaube an Freiheit und Gleichheit schriftlich niedergelegt und damit zu einem zentralen Element der amerikanischen Demokratie. Diese in der Verfassung verankerten Ideale haben bis heute einen so hohen Stellenwert und eine solche Aktualität behalten, weil sie das verbindende und Gemeinsamkeit schaffende Element für die Bürger Amerikas sind, die ansonsten hinsichtlich Abstammung, Religion, Sprache, Bräuche und anderes mehr oft ganz verschieden sind. Daher werden auch bei jeder Gelegenheit, angefangen beim morgendlichen Schulgelöbnis bis zu besonderen Feiertagen, wie etwa dem »Independence Day«, diese gemeinsamen Ideale hervorgehoben und weitergegeben.

Darüber hinaus wurde der Gedanke der sozialen Gleichheit und die antiautoritäre Einstellung von religiöser Seite her unterstützt. Die Ideen der französischen Aufklärung und des englischen Liberalismus konnten auf dieser Grundlage leicht Wurzeln schlagen und die egalitären Impulse des Puritanismus verstärken. Damit prägte auch die religiöse und geistige Haltung das Bild vom vernünftigen, urteilsfähigen, redlichen und unabhängigen Individuum. Unter all diesen Bedingungen ist es eigentlich nicht erstaunlich, dass sich das Gleichheitsdenken so tief in die Wertvorstellung der Amerikaner eingegraben hat.

Plannerer

■ Themenbereich 3: »Gelassenheit«

■ Beispiel 8: Die Reiseplanung

■ Situation

Während der Semesterferien wollten Martin und Florian eine Rundreise durch Kalifornien machen. Sie besprachen dazu ihre Pläne mit ihren amerikanischen Mitstudenten, um zu erfahren, ob die ausgewählten Touren zeitlich und von den Übernachtungsmöglichkeiten her machbar seien. Die Amerikaner äußerten sich recht begeistert über ihre Reisepläne und meinten, dass sie keinerlei Schwierigkeiten darin sähen. Später auf der Reise stellten Martin und Florian jedoch fest, dass es entgegen den Äußerungen ihrer amerikanischen Freunde in einigen Orten doch sehr schwierig war, eine Unterkunft zu finden, und sie auch bei vielen Strecken die benötigte Zeit ziemlich unterschätzt hatten.

Sie fragten sich, warum ihre Mitstudenten sie nicht darauf aufmerksam gemacht hatten, sondern sich so zuversichtlich über ihre Reisepläne geäußert hatten.

Welche Antwort würden Sie Martin und Florian geben?

– Lesen Sie nun die Antwortalternativen nacheinander durch.
– Bestimmen Sie den Erklärungswert jeder Antwortalternative für die gegebene Situation und kreuzen Sie ihn auf der darunter befindlichen Skala an. Es ist möglich, dass mehrere Antwortalternativen den gleichen Erklärungswert besitzen.

◼ Deutungen

a) Die Amerikaner beachteten nicht so sehr die Einzelheiten des Reiseplans, weil sie nicht dachten, dass es den Deutschen so sehr auf eine genaue Planung ankam.

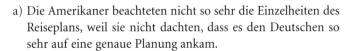

| sehr zutreffend | eher zutreffend | eher nicht zutreffend | nicht zutreffend |

b) Es erschien den Amerikanern zu unhöflich, Martin und Florian auf Fehler in ihrer Reiseplanung hinzuweisen.

| sehr zutreffend | eher zutreffend | eher nicht zutreffend | nicht zutreffend |

c) Die Amerikaner hatten keine Lust, sich ernsthaft mit den Plänen auseinander zu setzen und nähere Auskünfte zu geben, und stimmten daher einfach zu.

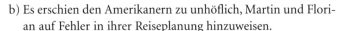

| sehr zutreffend | eher zutreffend | eher nicht zutreffend | nicht zutreffend |

d) Die Amerikaner wollten nicht zugeben, dass sie sich selbst nicht so genau auskannten.

| sehr zutreffend | eher zutreffend | eher nicht zutreffend | nicht zutreffend |

◼ Bedeutungen

Erläuterungen zu a):
Mit dieser Antwort haben Sie den Grund für das Verhalten der Amerikaner am treffendsten erfasst.

Es ist tatsächlich so, dass Amerikaner in vielen Dingen eine gelassenere und flexiblere Haltung zeigen als Deutsche, bei denen oft alles genauestens geregelt und festgelegt sein muss sowie alles bis ins letzte Detail stimmen muss. So waren sich vermutlich auch in dem geschilderten Fall die Amerikaner nicht der Tatsache bewusst, dass es den Deutschen auf einen absolut korrekten und alle Einzelheiten berücksichtigenden Reiseplan ankam. Für sich selbst hätten sie vermutlich ein grobes Reisekonzept für ausreichend gehalten und dann pragmatisch, je nach Situation, detailliertere Entscheidungen wie etwa über Aufenthaltsdauer oder Übernachtungsort getroffen. Oder bei einem etwas genaueren Plan hätten die Amerikaner es zumindest nicht so wichtig genommen, alle Einzelaspekte der Reise auf ihre Richtigkeit hin zu überprüfen, da man, im Gegensatz zu Deutschen, bei uneingeplanten Abweichungen oder Überraschungen nicht gleich aus dem Konzept gerät, sondern weitgehend flexibel und gelassen darauf reagiert. Von daher steht man nicht unter dem Druck, alles bis ins Detail auf Gültigkeit abchecken zu müssen.

Erläuterungen zu b):
Meinen Sie wirklich, dass ein freundlicher Hinweis auf irgendwelche Irrtümer unter dem, wenn auch höheren, amerikanischen Maßstab der Höflichkeit schon als unhöflich gelten würde? So weit geht das Gebot der Höflichkeit bei den Amerikanern denn doch nicht. Schauen Sie sich bitte die Situation noch einmal an und überlegen Sie dann in Ruhe, was hinter dem Verhalten stecken könnte.

Erläuterungen zu c):
Obwohl das im Einzelfall durchaus möglich sein kann, sollte man anderen nicht gleich von vornherein solche eher negativen Beweggründe in die Schuhe schieben. Es handelt sich hier auf alle Fälle um eine für die Mehrheit der Amerikaner nicht-typische Erklärung. Die in einem späteren Trainingsabschnitt noch genauer behandelte Hilfs- und Zuwendungsbereitschaft der Amerikaner, die zum Beispiel sofort zur Stelle sind, wenn man den Weg nicht findet oder sonst irgendwie nicht weiterkommt, spricht eher gegen die Allgemeingültigkeit einer solchen Begründung. Lesen Sie bitte noch einmal die anderen Erklärungen durch.

Erläuterungen zu d):
Es ist kaum anzunehmen, dass Amerikaner das Gefühl hätten, sich eine Blöße zu geben, wenn sie Unkenntnisse in gewissen Bereichen eingestehen müssten. Zumal ja gerade in einem so gro-

ßen Land wie den USA kaum einer erwarten wird, dass man sich genau auskennt.

Es besteht vielmehr Grund zu vermuten, dass die Amerikaner gar nicht die Notwendigkeit sahen, die eigenen Kenntnisse oder Reiseerfahrungen genau zu überprüfen, um dann die Reisepläne von Martin und Florian entsprechend zuverlässig beurteilen zu können.

■ Beispiel 9: Die Mitfahrgelegenheit

■ Situation

Christian wollte mit der katholischen Hochschulgemeinde zum Skifahren gehen. Ein Mädchen hatte sich bereit erklärt, die gesamte Organisation zu übernehmen. Christian meldete sich daher bei ihr an und bezahlte für den Ausflug. Er dachte, dass sie sich neben der Unterkunft auch um die Mitfahrgelegenheiten kümmern würde. An dem Abend, an dem die Gruppe losfahren wollte, stellte sich jedoch heraus, dass zu wenige Autos zur Verfügung standen. Die Deutschen waren über diese unzuverlässige Planung sehr verärgert. Die Amerikaner äußerten sich hingegen zu der Situation überhaupt nicht, sondern überlegten nur, wie sie weitere Autos auftreiben könnten.

Was ist wohl der Grund für diese unterschiedlichen Reaktionsweisen?

– Lesen Sie nun die Antwortalternativen nacheinander durch.
– Bestimmen Sie den Erklärungswert jeder Antwortalternative für die gegebene Situation und kreuzen Sie ihn auf der darunter befindlichen Skala an. Es ist möglich, dass mehrere Antwortalternativen den gleichen Erklärungswert besitzen.

■ Deutungen

a) Mangelhafte Organisation gehört im amerikanischen Alltag zur Tagesordnung.

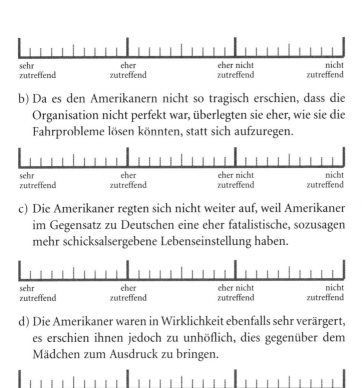

| | | | | | | | | | | | | | | | | | | | | | | | | | | | | |
sehr   eher   eher nicht   nicht
zutreffend   zutreffend   zutreffend   zutreffend

b) Da es den Amerikanern nicht so tragisch erschien, dass die Organisation nicht perfekt war, überlegten sie eher, wie sie die Fahrprobleme lösen könnten, statt sich aufzuregen.

| | | | | | | | | | | | | | | | | | | | | | | | | | | | | |
sehr   eher   eher nicht   nicht
zutreffend   zutreffend   zutreffend   zutreffend

c) Die Amerikaner regten sich nicht weiter auf, weil Amerikaner im Gegensatz zu Deutschen eine eher fatalistische, sozusagen mehr schicksalsergebene Lebenseinstellung haben.

| | | | | | | | | | | | | | | | | | | | | | | | | | | | | |
sehr   eher   eher nicht   nicht
zutreffend   zutreffend   zutreffend   zutreffend

d) Die Amerikaner waren in Wirklichkeit ebenfalls sehr verärgert, es erschien ihnen jedoch zu unhöflich, dies gegenüber dem Mädchen zum Ausdruck zu bringen.

| | | | | | | | | | | | | | | | | | | | | | | | | | | | | |
sehr   eher   eher nicht   nicht
zutreffend   zutreffend   zutreffend   zutreffend

■ Bedeutungen

Erläuterungen zu a):

Diese Antwort ist mit Sicherheit falsch. Bezüglich Organisationstalent oder Organisationsfähigkeit sind Amerikaner gewiss mit uns Deutschen vergleichbar, wenn nicht sogar uns voraus. Und zwar deshalb, weil zum einen in den USA Handeln und damit auch die Planung von Handlungen an erster Stelle steht. Außerdem gehören Amerikaner von klein auf irgendwelchen Vereinen, Verbänden, Clubs oder ähnlichem an, wo es immer wieder Gruppenaktivitäten oder Veranstaltungen zu organisieren gibt. Somit dürften die Erfahrungen in puncto Planung sogar größer sein als bei uns, wo viele Freizeitaktivitäten individuell oder nur im Rahmen weniger Einzelpersonen durchgeführt werden und Planung und Organisation deshalb einen niedrigeren Stellenwert haben.

65

Erläuterungen zu b):

Mit dieser Erklärung haben Sie den hier entscheidenden Grund genau erfasst. Es entspricht nicht der amerikanischen Mentalität, sich über irgendwelche alltäglichen Missgeschicke, Fehler oder Probleme gleich großartig aufzuregen. Aber nicht deshalb, weil Amerikaner fatalistisch, das heißt sozusagen schicksalsergeben, die Tücken des Alltags hinnehmen, sondern weil sie mit einer von Optimismus und Flexibilität gekennzeichneten Lebenshaltung die Dinge des Lebens angehen oder sich zumindest vornehmen, sie entsprechend anzugehen. So werden Missgeschicke oder Fehler nicht durch langes Diskutieren und Lamentieren noch mehr problematisiert. Statt in einer solchen Situation mit Ärger, Vorwürfen oder der Suche nach dem Schuldigen zu reagieren und damit, nach Meinung der Amerikaner, unnötig Zeit zu verschwenden, sucht man praktisch und pragmatisch denkend nach einem Lösungsweg. Amerikaner gehen zudem nicht mit dem Anspruch an eine Sache heran, dass alles perfekt bis ins letzte Detail stimmen und klappen muss. Folglich werden sie durch solche Störungen oder Abweichungen von der geplanten Handlungsausführung nicht gleich völlig aus dem Konzept geworfen und in einen Zustand vorübergehender Hilflosigkeit versetzt, sondern reagieren flexibel und mit dem notwendigen Improvisationstalent.

Erläuterungen zu c):

Mit dieser Annahme liegen Sie ganz falsch. Amerikaner sind zutiefst von der persönlichen Kontrollierbarkeit der Umwelt und der völligen Eigenverantwortlichkeit für das eigene Leben überzeugt. Den Glauben an Schicksal oder Glück bzw. Pech weisen sie weit von sich. Für sie wird der eigene Lebensweg oder Lebenserfolg nur durch eigene Anstrengung und Leistung bestimmt. Als fatalistisch bezeichnet zu werden, kann ein Amerikaner unter Umständen als schlimme Kritik empfinden, weil damit negative Assoziationen wie Aberglaube, Faulheit und Initiativlosigkeit verbunden werden.

Erläuterungen zu d):

Richtig ist zwar, dass Amerikaner es im Allgemeinen vermeiden, sich in der Öffentlichkeit aufzuregen oder ihre Mitmenschen zurechtzuweisen, in diesem Fall regten sich jedoch vermutlich die Amerikaner über die Fehlplanung gar nicht, auch nicht insgeheim, besonders auf. Wie könnte dies zu erklären sein? Schauen Sie sich noch einmal die anderen Antwortmöglichkeiten an!

■ Beispiel 10: Der Ausstellungsbesuch

■ Situation

Am Wochenende wollte Konrad mit seinen amerikanischen Freunden eine Ausstellung besuchen. Es wurde ausgemacht, dass sich alle um neun Uhr morgens bei Jim und Susan treffen. Als Konrad um neun Uhr dort ankam, war außer ihm noch keiner da. Erst um elf Uhr waren dann alle endlich versammelt, und eine halbe Stunde später waren auch Jim und Susan zum Aufbruch bereit. Konrad hatte mehrmals versucht, die Gruppe ein bisschen anzutreiben, doch die anderen hatten nur ziemlich verständnislos darauf reagiert. Er wunderte sich, dass sonst keiner darauf gedrängt hatte, endlich aufzubrechen oder ärgerlich auf diese Trödelei reagiert hatte.

Welche Erklärung würden Sie Konrad geben?

– Lesen Sie nun die Antwortalternativen nacheinander durch.
– Bestimmen Sie den Erklärungswert jeder Antwortalternative für die gegebene Situation und kreuzen Sie ihn auf der darunter befindlichen Skala an. Es ist möglich, dass mehrere Antwortalternativen den gleichen Erklärungswert besitzen.

■ Deutungen

a) Amerikaner nehmen es mit der Pünktlichkeit nicht so genau wie Deutsche.

| sehr | eher | eher nicht | nicht |
| zutreffend | zutreffend | zutreffend | zutreffend |

b) Kulturelle Aktivitäten wie der Besuch einer Ausstellung werden nicht als so wichtig angesehen, dass man sich dafür zeitlich unter Druck setzt.

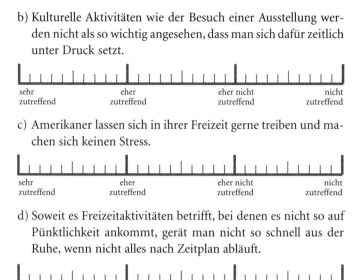

| sehr zutreffend | eher zutreffend | eher nicht zutreffend | nicht zutreffend |

c) Amerikaner lassen sich in ihrer Freizeit gerne treiben und machen sich keinen Stress.

| sehr zutreffend | eher zutreffend | eher nicht zutreffend | nicht zutreffend |

d) Soweit es Freizeitaktivitäten betrifft, bei denen es nicht so auf Pünktlichkeit ankommt, gerät man nicht so schnell aus der Ruhe, wenn nicht alles nach Zeitplan abläuft.

| sehr zutreffend | eher zutreffend | eher nicht zutreffend | nicht zutreffend |

■ Bedeutungen

Erläuterungen zu a):

Diese Antwort ist mit Sicherheit falsch. Amerikaner legen wie wir Deutsche im Allgemeinen Wert auf einen genauen Zeitplan und dessen exakte Einhaltung und nehmen daher gleichfalls Pünktlichkeit entsprechend ernst. Die Bedeutung, die man Zeitplänen und deren genauer Einhaltung zuschreibt, hängt unter anderem damit zusammen, dass Amerikaner einen von Aktivität und Handeln bestimmten Tagesablauf verfolgen. Jede Aktivität, auch die zur Entspannung, ist dann genau geplant, weil man sich davon eine hohe Produktivität oder Effektivität verspricht. Der kulturelle Unterschied liegt hier folglich nicht in einer unterschiedlichen Einstellung zur Zeit, sondern darin, wie mit gewissen Abweichungen oder Störungen im Handlungsplan umgegangen wird.

Erläuterungen zu b):

Um hier das Verhalten der Amerikaner zu erklären, braucht man nicht gleich mit dem Vorurteil des »kulturlosen« Amerikaners heranrücken. Bitte suchen Sie eine weniger vorurteilsbehaftete Antwort.

Erläuterungen zu c):
Auf den einen oder anderen Amerikaner mag dieser Gesichtspunkt vielleicht zutreffen, allgemein ist es jedoch eher typisch für Amerikaner, dass sie auch in ihrer Freizeit ein von Aktivitäten angefülltes und ziemlich genau vorgeplantes Programm haben, da sie mehr noch als Deutsche vom Aktivismus geprägt sind.

Erläuterungen zu d):
Diese Antwort erklärt das Verhalten am besten. Solange es nicht zu wirklich ernsthaften Problemen oder Konsequenzen kommt, wie es zum Beispiel im beruflichen Bereich der Fall sein könnte, reagiert man auf Abweichungen oder Störungen im Handlungsplan relativ gelassen. Dies entspricht der allgemeinen, von Optimismus und Flexibilität gekennzeichneten Lebenseinstellung. Man will sich einfach nicht so schnell durch solche alltäglichen und an sich bedeutungslosen Probleme die Stimmung verderben lassen. Es kommt nicht von ungefähr, dass Bücher mit Titeln wie »From Sad to Glad«, »The Power of Positive Thinking«, »Guide to Confident Living« oder »Your Future is Your Best Friend«, die alle Ausdruck des Strebens nach Glück sind, die Bücherregale füllen. Sie vermitteln den Eindruck, dass sich mit der passenden Gebrauchsanleitung jedes Problem meistern und der Anspruch auf »Happiness« verwirklichen lässt.

Hinzu kommt in der vorliegenden Situation, dass Zeiteinteilung als Angelegenheit des Einzelnen betrachtet wird. So gibt es etwa nicht so strenge Arbeits- oder Geschäftszeiten wie bei uns. Die Amerikaner waren im Gegensatz zu Konrad viel eher bereit, jedem einen gewissen Handlungsspielraum zuzugestehen, da ein exaktes Einhalten des Zeitplanes in diesem Fall nicht absolut notwendig war. Davon abgesehen würde es auch weniger der allgemeinen Umgangsweise entsprechen, die anderen wegen des Zuspätkommens zurechtzuweisen. Eventuell würde man bei einem notorischen »Zuspätkommer« die Konsequenz ziehen, sich nicht mehr mit ihm zu verabreden oder nicht mehr auf ihn zu warten, aber man würde kaum mit Vorwürfen reagieren, da dies leicht als Einmischung in persönliche Angelegenheiten oder als autoritäres Auftreten und Unhöflichkeit empfunden werden könnte.

■ Kulturelle Verankerung von »Gelassenheit«

Das zentrale Merkmal des Verhaltens der Amerikaner in den vorangegangenen Episoden war ihre Gelassenheit oder ihre so genannte »Easy-Going«-Mentalität.

Damit soll einmal die Tatsache bezeichnet werden, dass Amerikaner nicht alles bis ins letzte Detail planen und abwägen, soweit es nicht unbedingt notwendig erscheint. Hier besteht ein deutlicher Gegensatz zur deutschen Mentalität, nach der alles seinen Platz und seine Ordnung haben muss und entsprechend perfektionistisch und pedantisch selbst weniger wichtige Angelegenheiten angegangen werden. Für Amerikaner sind wir Deutsche »sticklers of details«, also Kleinigkeitskrämer. Außerdem bedeutet Gelassenheit auch, dass Amerikaner auf Störungen und Abweichungen vom vorgesehenen Plan flexibler reagieren und sich weniger schnell aus der Ruhe bringen lassen. Wenn man mit einem weniger perfektionistischen Anspruch eine Sache plant und angeht, gerät man natürlich auch bei Fehlern oder Schwierigkeiten nicht so schnell aus dem Konzept und lässt sich nicht so leicht irritieren.

Dieses »Easy-Going« hängt sicherlich mit der optimistischen oder dem Bemühen um eine optimistische Lebenshaltung zusammen. Amerikaner versuchen mit einer zuversichtlichen und hoffnungsvollen Grundhaltung dem Leben zu begegnen, sich die positive Stimmung nicht so schnell durch Alltagsprobleme verderben zu lassen und im Streben nach dem Glück nicht angesichts unvermeidlicher tagtäglicher Schwierigkeiten zu kapitulieren. Daher neigt man dazu, Probleme eher zu vereinfachen und richtet das Augenmerk vor allem auf mögliche Lösungswege, anstatt durch langes Diskutieren und Lamentieren die Sachlage noch mehr zu problematisieren. Das Nicht-Angewiesensein auf einen exakt durchdachten Plan, auf genau überlegte Handlungs-

schritte und -konsequenzen erlaubt ein Aufgeschlossensein gegenüber Neuem, fördert Flexibilität und die Fähigkeit zur Impro-
visation und ermöglicht Spontaneität. Vielleicht ist es gar nicht
so schlecht, wenn wir uns ab und an davon ein bisschen anste-
cken lassen könnten.

■ Themenbereich 4: »Handlungsorientierung«

■ Beispiel 11: Das Abschiedsessen

■ Situation

Kurz vor seiner Heimreise wollte Fritz ein kleines Abschiedsessen geben. Er lud dazu ganz unterschiedliche Leute ein, mit denen er sich während seines USA-Aufenthaltes angefreundet hatte. Zuerst hatte er Bedenken, dass sich einige Gäste langweilen könnten, da sie sich untereinander teilweise nicht kannten. Doch während des Essens gewann er den Eindruck, dass sich die eingeladenen Gäste recht gut miteinander verstanden. Er war daher sehr erstaunt, als bald nach dem Essen und Kaffeetrinken die ersten Gäste mitten in der Unterhaltung aufstanden und sich verabschiedeten.

Fritz konnte sich nicht erklären, warum die Gäste nach so kurzer Zeit schon wieder gingen, obwohl sie sich seiner Meinung nach doch ganz gut unterhalten hatten.

Welche Erklärung könnte man Fritz für das Verhalten der Amerikaner geben?

– Lesen Sie nun die Antwortalternativen nacheinander durch.
– Bestimmen Sie den Erklärungswert jeder Antwortalternative für die gegebene Situation und kreuzen Sie ihn auf der darunter befindlichen Skala an. Es ist möglich, dass mehrere Antwortalternativen den gleichen Erklärungswert besitzen.

■ Deutungen

a) Nachdem nach dem Essen nichts weiter geplant zu sein schien, sind die Gäste davon ausgegangen, dass mit Beendigung des Essens auch der gemeinsame Abend vorüber sei.

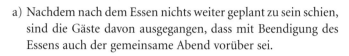

| sehr | eher | eher nicht | nicht |
| zutreffend | zutreffend | zutreffend | zutreffend |

b) Die Gäste hatten die Einladung von Fritz nur aus Höflichkeit angenommen und gingen daher, sobald das Essen und damit der offizielle Teil des Abends beendet war.

| sehr | eher | eher nicht | nicht |
| zutreffend | zutreffend | zutreffend | zutreffend |

c) Amerikaner sind gewohnt, früh ins Bett zu gehen, da sie einen extrem ausgefüllten und aktiven Tagesablauf haben.

| sehr | eher | eher nicht | nicht |
| zutreffend | zutreffend | zutreffend | zutreffend |

d) Der Eindruck, dass sich die Gäste gut miteinander unterhielten, beruhte nur auf der allgemein freundlichen Umgangsweise der Amerikaner und bedeutete nicht wirkliches Interesse oder Sympathie gegenüber den anderen Gästen.

| sehr | eher | eher nicht | nicht |
| zutreffend | zutreffend | zutreffend | zutreffend |

■ Bedeutungen

Erläuterungen zu a):

Das ist die treffendste Erklärung. Für Amerikaner ist eher ungewöhnlich, einfach so, ohne bestimmte Ziel- oder Zweckgerichtetheit, über längere Zeit zusammenzusitzen und nur zu plaudern. Deshalb werden zum Beispiel Einladungen zum Essen meist bald nach dem Essen als beendet angesehen, wenn keine weiteren konkreten Aktivitäten geplant sind. Während eine Einladung zum Abendessen in Deutschland durchaus ein Beisammensein bis Mitternacht bedeuten kann, geht man in Amerika in der Regel davon aus, dass sich eine Einladung zum Essen vor allem auf die Zeit des gemeinsamen Essens bezieht und man bald darauf wieder auseinander geht. Daher planen Amerikaner oft schon von vornherein nur zwei bis drei Stunden für eine solche Einladung ein und nehmen sich danach häufig noch andere Dinge vor, während man sich bei uns nach Möglichkeit den ganzen Abend Zeit nimmt und dann je nach Stimmung früher oder später geht.

Diese unterschiedlichen Verhaltensweisen sind damit zu erklären, dass Amerikaner stärker handlungsorientiert sind als wir. »Keeping busy«, »being active« sind grundlegende Verhaltensprinzipien. Bloßes Herumsitzen, auch in Gesellschaft anderer, gilt eher als unergiebig und als Zeitverschwendung. Deswegen gestaltet sich ein Zusammensein mit anderen, auch mit Freunden oder Bekannten, bei Amerikanern seltener in der bei uns üblichen Form, nämlich in einem zwanglosen Beisammensitzen und Über-Gott-und-die-Welt-Reden. Stattdessen wird meist etwas gemeinsam unternommen, also Aktivitäten mit offensichtlichen Resultaten bevorzugt, wie etwa gemeinsames Spielen, Kinobesuch oder Videosehen. Auch innerhalb der amerikanischen Familie gibt es nicht die Tradition, dass die gesamte Familie zu bestimmten Mahlzeiten zusammenkommt und diese Gelegenheit dann zu einer längeren Unterhaltung nützt. Wenn schon überhaupt einmal die ganze Familie beisammen sitzt, läuft zumindest der Fernseher nebenbei, dem man ab und zu seine Aufmerksamkeit zuwenden kann.

Erläuterungen zu b):
Diese Erklärung ist sicher nicht richtig, da die viel zitierte Höflichkeit der Amerikaner wirklich nicht so weit geht, dass man Einladungen annimmt, an denen man eigentlich überhaupt nicht interessiert ist. Man würde in so einem Fall vielmehr äußern, dass man sich sehr über diese Einladung freut, aber leider aufgrund irgendwelcher anderer Verpflichtungen nicht kommen kann, und damit wäre die Sache der Höflichkeit angemessen erledigt. Bitte wählen Sie erneut.

Erläuterungen zu c):
Diese Antwort spricht zwar einen wichtigen und richtigen Aspekt
des amerikanischen Verhaltens an, da Amerikaner tatsächlich einen extrem aktiven Tagesablauf planen und durchführen, in dem
sogar oft die Zeit der Entspannung festgelegt und eingeteilt ist,
aber dies bedeutet nicht, dass Amerikaner früher ins Bett gehen
– der Schlafbedarf des Menschen ist wohl eher kulturunabhän-
gig. Das frühzeitige Aufbrechen der Amerikaner muss also einen
anderen Grund haben.

Erläuterungen zu d):
Es ist sicherlich nicht falsch, diese Möglichkeit in Betracht zu ziehen, da Amerikaner allgemein sehr um ein harmonisches und
freundliches Miteinanderauskommen bemüht sind, ohne dass
immer besonderes Interesse an den anderen dahinter stehen
muss. Allerdings gibt es in diesem Fall eine viel eindeutigere Erklärung für das geschilderte Verhalten.

■ Beispiel 12: Gemütliches Zusammensein

■ Situation

Markus fuhr mit ein paar amerikanischen Studenten für ein Wochenende zum Skifahren.

Da sie sich recht gut miteinander verstanden hatten, schlug
Markus vor, dass sich alle mal wieder treffen könnten. Zwei Wochen später fanden sich dann die Studenten, wie verabredet, bei
einem Amerikaner ein. Markus hatte erwartet, dass sie sich einfach ein bisschen miteinander unterhalten würden, doch irgendwie erschienen ihm die Amerikaner alle ziemlich ungemütlich
und ruhelos. Meistens standen oder liefen sie herum und orga-
nisierten sich etwas zu trinken oder zu essen. Es kam überhaupt
keine gemütliche Gesprächsatmosphäre auf.

Warum machten die Amerikaner auf Markus den Eindruck,
dass sie nichts miteinander anzufangen wissen, obwohl sie sich
an dem Skiwochenende doch so gut verstanden hatten?

– Lesen Sie nun die Antwortalternativen nacheinander durch.

– Bestimmen Sie den Erklärungswert jeder Antwortalternative für die gegebene Situation und kreuzen Sie ihn auf der darunter befindlichen Skala an. Es ist möglich, dass mehrere Antwortalternativen den gleichen Erklärungswert besitzen.

▓ Deutungen

a) Es war für die Studenten ungewohnt, nur herumzusitzen und zu reden, da sie sich auch noch nicht so gut kannten.

| sehr | eher | eher nicht | nicht |
| zutreffend | zutreffend | zutreffend | zutreffend |

b) Die Studenten hatten sich gar nicht so gut verstanden, wie es für Markus den Anschein hatte und waren nur ihm zuliebe gekommen.

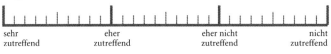

| sehr | eher | eher nicht | nicht |
| zutreffend | zutreffend | zutreffend | zutreffend |

c) Im Gegensatz zum Wochenende, wo mehr eine Urlaubsstimmung herrschte, waren jetzt alle wieder im Alltagsstress und hatten nicht die Ruhe für ein gemütliches Gespräch.

| sehr | eher | eher nicht | nicht |
| zutreffend | zutreffend | zutreffend | zutreffend |

d) Amerikaner sind gewohnt, dass ihnen bei einer Einladung ein gewisses Unterhaltungsprogramm geboten wird.

| sehr | eher | eher nicht | nicht |
| zutreffend | zutreffend | zutreffend | zutreffend |

▓ Bedeutungen

Erläuterungen zu a):
Hiermit haben Sie genau den Kern der Sache getroffen. Tun oder Handeln ist die vorherrschendste Art der Beschäftigung für Amerikaner. Auch die Freizeitgestaltung ist von diesem Aktionsdenken und der Forderung nach sichtbaren Handlungsergebnissen ge-

prägt. So sitzt man nur selten in der Art unserer »deutschen Gemütlichkeit« stundenlang beisammen und unterhält sich ziellos mal über dieses und jenes. Wenn sich Amerikaner unterhalten, verlaufen die Gespräche wesentlich zielorientierter, wobei es vorwiegend um die Identifikation der Interessen und Tätigkeiten der Gesprächspartner geht. Meist läuft jedoch ein längeres Zusammensein weniger auf Gespräche als auf gezielte Aktivitäten hinaus. Wäre die Anregung zu diesem Treffen von einem Amerikaner ausgegangen, wäre daher vermutlich der Abend anders gestaltet worden. Man hätte zusammen gespielt, wäre gemeinsam ins Kino gegangen oder hätte einen Video angeschaut, also ein klares und sichtbares Handlungsziel verfolgt. Hinzu kommt, dass Amerikaner tiefer gehende und längere Gespräche oder Diskussionen vermeiden, solange man sich noch nicht so gut kennt. Nach einem kurzen gegenseitigen Sich-Vorstellen wird es oft vorgezogen, etwas gemeinsam zu unternehmen, um so erst mal eine gemeinsame Basis zu schaffen. Damit wird zudem verhindert, dass eventuell unterschiedliche Interessen oder Einstellungen die Stimmung gefährden und das Gemeinschaftsgefühl einschränken könnten.

Erläuterungen zu b):
Nein, diese Antwort beruht auf einer zu weiten und pauschalen Generalisierung des Höflichkeitsgebotes der Amerikaner. So bemüht sich ein Amerikaner zwar sehr um eine freundliche und höfliche Umgangsweise, verliert aber dabei zugleich nicht seine persönlichen Ziele und Interessen aus dem Auge. Diese Gegensätzlichkeit von Bemühen um andere einerseits und Individualismus andererseits bringt den Amerikanern oft den Vorwurf der Falschheit ein. Wie diese beiden Aspekte zu verstehen sind, wird später noch ausführlich behandelt und damit wohl hoffentlich klarer werden und zum Abbau des einen oder anderen Vorurteils führen. Vor diesem Hintergrund kann man jedenfalls annehmen, dass die Amerikaner kaum nur aus Höflichkeit gegenüber Markus zu dem Treffen erschienen waren.

Erläuterungen zu c):
Dies ist eine aus deutscher Sicht sehr plausible, aus amerikanischer Sicht hingegen weniger relevante Antwort. Die Tatsache,

dass sich die Amerikaner nicht auf einen im deutschen Sinne »gemütlichen Plausch« einlassen konnten, hängt nicht mit irgendwelchen Rahmenbedingungen zusammen, sondern ist ein eher allgemeines Charakteristikum.

Erläuterungen zu d):
Diese Antwort ist etwas überspitzt formuliert. Es ist keineswegs so, dass Amerikaner mit einer bloßen Konsumhaltung eine Einladung aufsuchen und den Anspruch haben, etwas geboten zu bekommen. Für Unterhaltung können die Amerikaner durchaus selber sorgen.

Wenn Sie allerdings bei der Wahl dieser Erklärung die Vermutung im Hinterkopf gehabt haben, dass Amerikaner von einem Zusammensein stärker als Deutsche ein bestimmtes oder fassbares Resultat erwarten und daher ein solches Zusammensein auch eher in irgendeiner Form ziel- und ergebnisorientiert gestalten, sind Sie auf dem richtigen Weg.

■ Kulturelle Verankerung von »Handlungsorientierung«

Die vorangegangenen Situationen sind Beispiele für die Handlungsorientierung der Amerikaner. Mit »Handlungsorientierung« ist gemeint, dass Amerikaner ihre Lebensgestaltung stark nach Handeln, Leistung und Aktivität ausrichten. Entsprechend dem Motto »doing rather than talking« liegt die Betonung auf Aktivität, auf Beschäftigung mit konkreten und praktischen Dingen und nicht mit irgendwelchen geistigen Ideen oder Idealen, theoretischen oder abstrakten Fragestellungen. So wird Intellektualismus weniger geschätzt, gilt oft als weltfremd und unbedeutend für die menschliche Existenz. Der Tagesablauf, einschließlich Freizeit, ist von Aktivität gekennzeichnet. Im Extremfall wird sogar Entspannung nicht um ihrer selbst Willen, sondern nur zum Zwecke der Regeneration der Arbeitskraft durchgeführt. Es ist bezeichnend, dass das »workaholics«-Syndrom vor allem in den USA vertreten ist.

Die Handlungsorientierung bedingt, dass sich Amerikaner

vorwiegend über ihre beruflichen Tätigkeiten und ihre Interessen, also über das, was sie tun, definieren.

Bei allen Tätigkeiten steht die Frage nach den konkreten Zielen und Resultaten, nach der Effektivität und Effizienz im Mittelpunkt. Dieses Zweck- oder Ergebnisdenken prägt auch das Freizeitverhalten. So wird das Zusammensein mit anderen Menschen anders gestaltet als bei uns. Wenn Amerikaner zusammenkommen, wird meist ein konkretes Ziel verfolgt. Entweder will man sich kennen lernen, was dann vor allem auf die Klärung der Frage »What do you do?« hinausläuft, oder, wenn man bereits miteinander bekannt ist, wird ein gemeinsames Erlebnis oder eine gemeinsame Aktivität verfolgt, sei es, dass man sich vergnügen, amüsieren, einen Film sehen oder etwa ein Baseballspiel besuchen will. Ein Treffen ohne konkrete Zielvorgabe gibt es kaum. Den Amerikanern ist daher zum Beispiel auch eine Einrichtung wie unser »Stammtisch« fremd. Ein Plaudern deutscher Prägung, wo mehr oder weniger willkürlich mal dieses und mal jenes Thema angesprochen wird, ist unüblich.

Wie man sich leicht denken kann, liegt in diesen Unterschieden ein nicht unwesentliches »Konfliktpotenzial«, wenn Deutsche und Amerikaner aufeinander treffen, da jeder mit anderen Ansprüchen und Erwartungen an eine Sache herangeht. Der Deutsche will beispielsweise einfach gemütlich mit anderen beisammen sitzen und quatschen, dem Amerikaner erscheint dies ineffektiv und langweilig. Oder der Deutsche sucht ein Gespräch über philosophische oder sonst irgendwelche abstrakte Themen, der Amerikaner sieht darin aber nicht viel Sinn und wird auch in seinem Anspruch auf Unterhaltung oder Vergnügen nicht zufrieden gestellt.

Da dieser Kulturstandard Quelle vieler Vorurteile über Amerikaner ist, soll das Augenmerk noch kurz auf den geschichtlichen Hintergrund gerichtet werden, damit der Aktivismus nicht so leicht verständnislos als bloße »Spinnerei der Amis« abgetan werden kann:

Es gibt verschiedene Faktoren, die die Gewöhnung an und Befürwortung von Arbeit und Aktivität hervorgerufen haben können. Zum einen waren ein Großteil der Einwanderer Amerikas Handwerker, kleine Kaufleute, Bauern und Tagelöhner, also Vertreter sozialer Schichten, die sich nicht mit intellektuellen, ästhetischen oder künstlerischen Belangen beschäftigten, sondern für die Qualitäten wie Fleiß, körperliche Kraft oder handwerkliches Geschick zählten. Unter den Existenzbedingungen der Siedler und Pioniere war ferner harte Arbeit eine entscheidende Voraussetzung fürs Überleben. Die meisten Siedler waren schon von ihrer ursprünglichen Heimat her an schwere Arbeit gewöhnt, doch auch von gesellschaftlicher Seite wurde nun die Pflicht des Einzelnen zur Arbeit postuliert, um so einen möglichst raschen Aufbau einer neuen Gesellschaft zu verwirklichen. Harte Arbeit fand unter den gegebenen Umständen eine besondere Beachtung. Auch bis heute erfährt körperliche Arbeit in den USA nicht eine solche Geringschätzung wie bei uns. Der Entschluss zur Auswanderung, aber ebenso das beständige Weiterziehen innerhalb des Landes erforderten gleichfalls Aktivität und Energie, so dass sich diese Eigenschaften zunehmend zu einer Gewohnheit und Grundvoraussetzung etablierten. Die Glorifizierung von Arbeit im Puritanismus verstärkte die Handlungsorientierung zusätzlich.

Somit kann man zusammenfassend sagen, dass die Abstammung der Einwanderer, die Erfordernisse der Kolonial- und Pionierzeit, die Befürwortung von Mobilität und der puritanische Glaube dazu beitrugen, dass sich die USA zu einer Nation der Aktionisten, Instrumentalisten und Pragmatiker entwickelte.

◼ Themenbereich 5: »Leistungsorientierung«

◼ Beispiel 13: Im Sportzentrum

◼ Situation

Christoph hatte in Deutschland die Erfahrung gemacht, dass man über sportliche Aktivitäten im Sportzentrum der Universität ganz gut Anschluss zu anderen Studenten finden kann, weil man während des Trainings immer wieder mal ins Reden kommt. Da es ihm in Amerika sehr wichtig war, Kontakte zu Amerikanern zu knüpfen, und er sowieso gerne Sport betrieb, beschloss er, auch hier ins Training zu gehen. Zu seiner Enttäuschung war sein erster Eindruck jedoch, dass die Amerikaner wohl lieber vor sich hin trainierten, da die meisten einen Walkman trugen und oft zwischen den Übungen irgendetwas lasen. Dass zwei Studenten während des Trainings miteinander redeten so wie an der Universität in Deutschland, schien die absolute Ausnahme zu sein. Obwohl Christoph meist die gleichen Leute traf und man sich schon mal mit einem »Hi« begrüßte, kam er nie über einen kurzen, belanglosen Dialog hinaus. Er bemühte sich anfangs, ein weitergehendes Gespräch anzuregen, doch er hatte dann das Gefühl, die Amerikaner damit sogar zu stören.

Was mag wohl der Grund dafür sein, dass es Christoph nicht gelang, über den gemeinsamen Sport Kontakt zu den anderen amerikanischen Studenten zu finden?

– Lesen Sie nun die Antwortalternativen nacheinander durch.
– Bestimmen Sie den Erklärungswert jeder Antwortalternative für die gegebene Situation und kreuzen Sie ihn auf der darunter befindlichen Skala an. Es ist möglich, dass mehrere Antwortalternativen den gleichen Erklärungswert besitzen.

■ Deutungen

a) Die anderen Studenten kannten sich aufgrund des gemeinsamen Trainings schon untereinander und Christoph wurde daher nicht sofort voll in diese Gruppe aufgenommen.

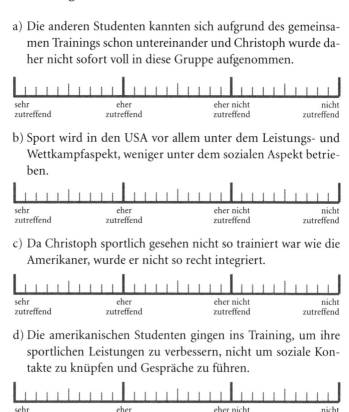

| sehr zutreffend | eher zutreffend | eher nicht zutreffend | nicht zutreffend |

b) Sport wird in den USA vor allem unter dem Leistungs- und Wettkampfaspekt, weniger unter dem sozialen Aspekt betrieben.

| sehr zutreffend | eher zutreffend | eher nicht zutreffend | nicht zutreffend |

c) Da Christoph sportlich gesehen nicht so trainiert war wie die Amerikaner, wurde er nicht so recht integriert.

| sehr zutreffend | eher zutreffend | eher nicht zutreffend | nicht zutreffend |

d) Die amerikanischen Studenten gingen ins Training, um ihre sportlichen Leistungen zu verbessern, nicht um soziale Kontakte zu knüpfen und Gespräche zu führen.

| sehr zutreffend | eher zutreffend | eher nicht zutreffend | nicht zutreffend |

■ Bedeutungen

Erläuterungen zu a):
Hier haben Sie die Situation aus deutscher Sicht betrachtet und damit eine für deutsche Verhältnisse vernünftige, aber unter amerikanischer Perspektive untypische Interpretation gewählt.

Während in Deutschland Gruppen sehr feste und deutliche Grenzen haben und entsprechend stark zwischen In- und Outsidern unterschieden wird, sind in den USA Gruppen weniger starr und Nicht-Mitglieder finden schneller Zugang. Oft unterstützen

84

die Gruppenmitglieder von sich aus das Bemühen eines Newcomers, in die Gruppe aufgenommen zu werden, indem sie offen auf ihn zugehen und ihn in ihre Aktivitäten integrieren. Bei Deutschen dauert dagegen der Übergang vom Außenseiterstatus zum Mitgliedstatus wesentlich länger. Die Gruppenmitglieder gehen davon aus, dass es hier alleinige Sache des neu Hinzugekommenen ist, sich um die völlige Aufnahme in die Gruppe zu bemühen, und erwarten von ihm, dass er sich zunächst in seinen Aktivitäten etwas zurückhält und mehr eine Randposition einnimmt.

Vor diesem Hintergrund dürfte die Vermutung, dass Christoph deswegen keinen rechten Anschluss fand, weil er auf eine etablierte Gruppe stieß, zwar durchaus in vielen Fällen im Umgang mit Deutschen zutreffend sein, aber sich im Umgang mit Amerikanern als unberechtigt erweisen. Das geringe Interesse der Studenten an einem Kontakt hängt also nicht mit gruppendynamischen Aspekten zusammen, sondern hat eine andere Ursache.

Erläuterungen zu b):
Sicherlich wird Sport in den USA oft wichtiger genommen als bei uns, da Amerikaner eine Vorliebe für Wettkampf haben und Sport eben ein wichtiger Bereich ist, um Wettkampf zu praktizieren. Sportliche Aktivitäten werden deshalb sehr leistungs- und wettkampforientiert betrieben. Das bedeutet aber nicht, dass Sport nicht auch in seiner sozialen Funktion gesehen wird. Gerade an den Schulen und Colleges Amerikas werden sportliche Aktivitäten und Veranstaltungen sehr unterstützt, weil man darin eine wichtige Möglichkeit sieht, soziale Fähigkeiten wie Fairness, Teamgeist oder Rücksichtnahme auf Schwächere zu vermitteln und zu fördern. Das heißt, Sport bedeutet nicht immer und nicht nur Wettkampf im Sinne eines Gegeneinanders, sondern auch Gemeinschaft und Miteinander. Der Ausdruck »to be a sportsman« bezeichnet genau diesen sozialen Aspekt, der gleichfalls als wesentlich angesehen wird.

Erläuterungen zu c):
Dies ist kaum anzunehmen. Selbst wenn manche Amerikaner für sich selbst großen Wert auf Sportlichkeit und körperliche Fitness legen, so ist man doch gegenüber anderen sehr tolerant. Man

würde sie wegen geringerer sportlicher Leistungsfähigkeit sicherlich nicht zum Außenseiter abstempeln, obwohl sie in der Achtung eventuell nicht so hoch stehen wie ein »Trainierter«.

Erläuterungen zu d):
Ja, das ist die beste Antwort. Sport hat in den USA einen hohen Stellenwert, und guten sportlichen Leistungen wird eine große Anerkennung entgegengebracht. Intelligenz und Erfolg im Sport werden als Fähigkeiten angesehen, die zusammenpassen und im Ideal sogar zusammenpassen sollten. Für einige Colleges oder High Schools sind zum Beispiel hervorragende sportliche Leistungen ein Kriterium für die Aufnahme und Unterstützung eines Bewerbers. Sport wird entsprechend oft sehr ernst und leistungsorientiert betrieben. So nahmen die Studenten in der geschilderten Situation ihr Training sehr wichtig und wollten sich vor allem auf die Leistungsverbesserung konzentrieren. Das heißt, nicht der soziale Aspekt, sondern der Leistungsaspekt war der vorwiegende Beweggrund zum Besuch des Trainings. Falsch wäre es allerdings anzunehmen, dass Sport allgemein nur unter dem Leistungsaspekt gesehen und betrieben wird. Sport bedeutet für Amerikaner nicht nur Wettkampf, sondern wird, je nach äußerem Rahmen, ebenso zur Unterstützung und Vermittlung sozialer Fähigkeiten betrieben. Bei Spielen »just for fun« auf dem Campusgelände wird man beispielsweise sehr bemüht sein, schwächere Spieler zu integrieren und auf sie Rücksicht zu nehmen.

Wie auch in den folgenden Situationen zu sehen sein wird, stellt für Amerikaner eine Befürwortung von Wettkampf und sozialem Verhalten keinen Widerspruch dar.

■ Beispiel 14: Der Beurteilungsbogen

■ Situation

In dem Marketingkurs, den Norbert besuchte, wurden – vorwiegend in Gruppen – verschiedene Projekte bearbeitet. Am Ende des Semesters teilte der Professor Beurteilungsbogen aus, womit jeder Student die anderen Studenten seiner Arbeitsgruppe bezüglich Leistung, Aktivität und Verhalten einschätzen sollte. Norbert wusste überhaupt nicht, wie er mit diesem Bogen umgehen sollte. Es schien ihm schwer, ein objektives Urteil über Leute abzugeben, zu denen man durch die gemeinsame Arbeit teilweise eine freundschaftliche Beziehung gewonnen hatte. Er fragte daher seinen amerikanischen Freund nach dem Kurs, was er denn in den Bogen hineinschreiben sollte. Dem Freund war es sichtlich unangenehm, dass er vor den anderen von Norbert gefragt wurde. Er meinte zu Norbert, dass er einfach möglichst objektiv seine Meinung abgeben solle. Wie sich später herausstellte, wirkte sich der Beurteilungsbogen auch auf die Endnote aus.

Wieso hatten die Amerikaner keine Probleme mit so einem Beurteilungsbogen, obwohl sie dabei auch Freunde beurteilen sollten?

– Lesen Sie nun die Antwortalternativen nacheinander durch.
– Bestimmen Sie den Erklärungswert jeder Antwortalternative für die gegebene Situation und kreuzen Sie ihn auf der darunter befindlichen Skala an. Es ist möglich, dass mehrere Antwortalternativen den gleichen Erklärungswert besitzen.

■ Deutungen

a) Die amerikanischen Studenten waren solche Leistungsvergleiche und -bewertungen gewöhnt.

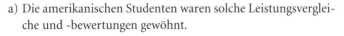

sehr	eher	eher nicht	nicht
zutreffend	zutreffend	zutreffend	zutreffend

87

b) Die Amerikaner wussten, dass die Beurteilungen nicht besonders ernst genommen werden, da man sich allgemein von Fremdurteilen nicht besonders beeinflussen lässt, sondern bei der Selbsteinschätzung vor allem dem eigenen Urteil vertraut.

| sehr | eher | eher nicht | nicht |
| zutreffend | zutreffend | zutreffend | zutreffend |

c) Das war sozusagen eine »Anordnung von oben«, die man mehr oder weniger gedankenlos versucht, so gut wie möglich zu erfüllen.

| sehr | eher | eher nicht | nicht |
| zutreffend | zutreffend | zutreffend | zutreffend |

d) Amerikaner trennen zwischen Arbeit bzw. Universität und Privatbereich, so dass Leistungsbewertungen und persönliche, freundschaftliche Gefühle auch auseinander gehalten werden können.

| sehr | eher | eher nicht | nicht |
| zutreffend | zutreffend | zutreffend | zutreffend |

◾ Bedeutungen

Erläuterungen zu a):

Ja, den wahren Sachverhalt haben Sie hiermit richtig erfasst. Es ist an amerikanischen Schulen, Colleges oder High Schools durchaus üblich, solche Bewertungen untereinander vorzunehmen. Aber nicht nur Studenten oder Schüler bewerten sich gegenseitig, sogar Dozenten werden von Studenten bewertet. Im Arbeitsleben findet dann das Ganze mit ausgefeilten Mitarbeiterbeurteilungssystemen seine Fortsetzung. Da stellt sich doch als Nächstes die Frage, warum solche Fremdbeurteilungen in den USA so verbreitet sind, bei uns aber relativ selten vorkommen. Haben Sie schon eine Idee?

In den USA hat Leistung einen hohen Stellenwert. Identität

und Erfolg werden ganz entscheidend über die persönlich erbrachten Leistungen definiert. Daher erhält auch die Messung und Bewertung von Leistung eine besondere Bedeutung. Amerikaner haben gewissermaßen ein »Bewertungsbedürfnis«, weil die Rückmeldungen über die eigenen Leistungen ganz wesentlich für die Selbstbeurteilung und das Selbstvertrauen sind.

Sicherlich fällt es amerikanischen Schülern oder Studenten ebenso wie Norbert nicht immer leicht, bei solchen Beurteilungen persönliche Gefühle zurückzustellen, um möglichst objektive Urteile abzugeben. Sie haben sich jedoch mit der Zeit darin geübt und daran gewöhnt und akzeptieren dieses Verfahren, weil für sie selbst solche Rückmeldungen für eine realistische Selbsteinschätzung und für das Selbstbild sehr bedeutend sind. Da sie spätestens im Berufsleben mit dann viel schwerwiegenderen Fremdbeurteilungen konfrontiert werden, erscheint es ihnen auch sinnvoll, sich rechtzeitig an den Umgang mit Kritik zu gewöhnen.

Erläuterungen zu b):
Die gewählte Erklärung ist leider völlig falsch. Es ist durchaus möglich, dass sich die amerikanischen Studenten beim Ausfüllen des Beurteilungsbogens nicht solche Gedanken machten wie Norbert. Dies beruht aber dann mit Sicherheit nicht darauf, dass sich Amerikaner vorwiegend auf ihre Selbsteinschätzung verlassen, Fremdbeurteilungen für sie keine große Bedeutung haben und das Selbstbild kaum beeinflussen. Im Gegenteil, Amerikaner beachten sogar wesentlich stärker als Deutsche die Rückmeldungen und Bewertungen seitens ihrer Mitmenschen und nehmen diese sehr wichtig. Wenn die Studenten nicht so viel Aufhebens wegen der geforderten Beurteilungen machten, dann hatte das einen anderen Grund.

Erläuterungen zu c):
Diese Antwort passt kaum zu der schon angesprochenen antiautoritären Haltung der Amerikaner. In der Erziehung der Amerikaner wird Wert darauf gelegt, dass man sich nicht irgendwelchen autoritären Anordnungen beugt, sondern lernt, eigenverantwortlich seinen Weg zu gehen, frei und unabhängig zu entscheiden.

Erläuterungen zu d):
So plausibel sich diese Antwort anhört, sie ist dennoch leider
falsch. Auch hier trifft die Antwort eher auf deutsche als auf amerikanische Verhältnisse zu. Amerikaner unterscheiden viel weniger
stark zwischen dem so genannten öffentlichen Bereich (Bereich
der Arbeit, Bildung, Politik etc.) und dem Privatbereich. Während
bei uns in beiden Bereichen unterschiedliche Normen und Wertvorstellungen das Verhalten bestimmen und damit je nach Situation zu unterschiedlichen Verhaltensweisen führen, besteht in den
USA nicht so ein deutlicher Unterschied. In Deutschland ist der
öffentliche Bereich durch distanzierte und formelle Beziehungen
gekennzeichnet und von »unpersönlichen« Werten wie Leistung,
Wettkampf, Ziel- und Zweckdenken geprägt. Diese Werte werden
in der Privatsphäre abgelehnt und es wird ein von sozialen Merk-
malen wie Wärme, Mitgefühl, Vertrauen und Hilfsbereitschaft bestimmtes Verhalten erwartet. Amerikaner dagegen zeigen auch im
Arbeitsbereich Informalität und Nähe, was für viele Deutsche irritierend sein kann, da sie dann nicht wissen, wie sie die Beziehung
definieren sollen, als freundschaftlich oder funktional-sachlich. Im
Privatbereich wiederum akzeptieren Amerikaner ebenso Leis-
tungs- und Wettkampfdenken, Ziel- und Zweckorientierung, worauf Deutsche oftmals ablehnend reagieren, da sie solche Werte
nicht mit freundschaftlichen, familiären Gefühlen unter einen Hut
bringen können.

▓ Beispiel 15: Das Computerprogramm

▓ Situation

Andrea sollte für ein Projekt ein Computerprogramm schreiben.
Sie kam dabei ab einem gewissen Punkt überhaupt nicht mehr
weiter und bat deshalb einen amerikanischen Mitstudenten, der
eine ähnliche Aufgabe zu bearbeiten hatte und mit diesem Projekt
schon fertig war, im Computerraum um Hilfe. Dieser Student hatte bisher einen sehr aufgeschlossenen und netten Eindruck auf sie
gemacht. Sie war daher sehr erstaunt, als die erwartete Hilfe nicht
angeboten wurde. Er fragte zwar, um was es bei ihr ginge, worauf

Andrea ihm ihre Schwierigkeiten schilderte. Daraufhin legte er aber nur sehr allgemein dar, was man bei der Entwicklung eines solchen Programms beachten müsse, ohne konkret auf die genannten Schwierigkeiten von Andrea einzugehen. Nach diesen allgemeinen Tipps verabschiedete er sich freundlich mit der Bemerkung, dass sie es schon schaffen werde, und ging dann weg. Dabei muss ihm klar gewesen sein, dass Andrea in diesem Fall mit Reden allein nicht geholfen war, da sie die erforderliche Vorgehensweise so nicht nachvollziehen konnte.

Aus welchem Grund erklärte der Amerikaner Andrea nicht genauer, wie sie bei der Programmentwicklung hätte vorgehen müssen?

- Lesen Sie nun die Antwortalternativen nacheinander durch.
- Bestimmen Sie den Erklärungswert jeder Antwortalternative für die gegebene Situation und kreuzen Sie ihn auf der darunter befindlichen Skala an. Es ist möglich, dass mehrere Antwortalternativen den gleichen Erklärungswert besitzen.

■ Deutungen

a) Andrea hatte sich in ihrem ersten Eindruck getäuscht und war an einen egoistischen und etwas angeberischen Studenten geraten.

| sehr zutreffend | eher zutreffend | eher nicht zutreffend | nicht zutreffend |

b) Das starke Konkurrenzdenken an den amerikanischen Universitäten bedingt, dass man nicht zusammenarbeitet und sich nur sehr selten gegenseitig hilft.

| sehr zutreffend | eher zutreffend | eher nicht zutreffend | nicht zutreffend |

c) Der Amerikaner dachte, dass Frauen sowieso kein richtiges Verständnis für Informatik haben, und hielt es daher für sinnlos, Andrea genauer zu erklären, wie sie das Programm entwickeln müsste.

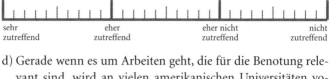

| sehr | eher | eher nicht | nicht |
| zutreffend | zutreffend | zutreffend | zutreffend |

d) Gerade wenn es um Arbeiten geht, die für die Benotung relevant sind, wird an vielen amerikanischen Universitäten vo-
rausgesetzt und erwartet, dass jeder für sich arbeitet.

| sehr | eher | eher nicht | nicht |
| zutreffend | zutreffend | zutreffend | zutreffend |

■ Bedeutungen

Erläuterungen zu a):
Nein, das geschilderte Verhalten beruht nicht unbedingt auf bestimmten Persönlichkeitszügen. Es ist nicht gleich Egoismus, der
zu einem solchen Verhalten führt, sondern eine allgemeine Einstellung, die dahinter steht. Schauen Sie sich die anderen Antworten noch einmal an.

Erläuterungen zu b):
Diese Antwort hängt offensichtlich mit dem Vorurteil zusammen, dass das Verhalten der Amerikaner in erster Linie vom Leis-
tungs- und Wettkampfdenken geprägt ist. Auch wenn Leistung
und Wettkampf in hohem Maße befürwortet werden, so geht das
allerdings nicht zwangsläufig auf Kosten einer sozialer Einstellung. Das heißt, soziales Verhalten wie etwa Kooperationsfähig-
keit oder Hilfsbereitschaft und Wettbewerbsdenken schließen
sich für Amerikaner nicht gegenseitig aus. Sicherlich ist an vielen
amerikanischen Universitäten die Konkurrenzsituation wesentlich härter als bei uns, weil Konkurrenz als Motivations- und Se-
lektionsinstrument einen hohen Stellenwert in der amerikanischen Kultur hat. Deshalb werden die Studenten jedoch nicht
gleich zu absoluten Einzelkämpfern, sondern sind durchaus gewöhnt, in Gruppen zu arbeiten und sich gegenseitig zu helfen.

Erläuterungen zu c):
Die gewählte Erklärung dürfte kaum repräsentativ für die Einstellung amerikanischer Studenten zu ihren weiblichen Kolleginnen sein. Wie in Deutschland stoßen zwar auch in den USA Frau-

en in der Ausbildung oder im Beruf immer noch auf so manche Vorurteile oder Benachteiligungen. Vor allem durch die Frauenbewegung in Amerika ist allerdings das Bemühen um Gleichberechtigung schon ein Stück weiter fortgeschritten als bei uns. In der Arbeitswelt sieht es konkret so aus, dass mehr als die Hälfte aller Frauen einer Beschäftigung außer Haus nachgehen, wobei über fünfzig Prozent von ihnen verheiratet sind und Kinder im Alter unter sechs Jahren haben. Immer mehr Frauen dringen in den akademischen Bereich vor und übernehmen leitende Positionen im mittleren und oberen Management. Der Anteil an Frauen in leitenden oder administrativen Tätigkeiten beträgt immerhin schon ein Drittel. Auch wenn man im Einzelfall solchen Vorurteilen wie dem geschilderten durchaus begegnen kann, da auch in den USA längst noch nicht alle Geschlechtsstereotype ausgeräumt sind, so werden Frauen im Allgemeinen doch zunehmend in so genannten »männlichen« Disziplinen als gleichwertige Partner akzeptiert, was sich jedoch noch nicht unbedingt in einer gleichen Bezahlung niederschlägt.

Erläuterungen zu d):

Ja, diese Antwort ist insofern genau richtig, als hier nicht behauptet wird, dass amerikanische Studenten generell für sich arbeiten, sondern eben nur in Prüfungssituationen oder im Fall notenrelevanter Arbeiten großen Wert auf Eigenleistung legen. Dies hängt unter anderem damit zusammen, dass für Amerikaner allgemein nur der wirklich selbst erarbeitete Erfolg Anerkennung findet. Man erlangt ausschließlich Ansehen für das, was man selber ohne äußere Unterstützung, wie zum Beispiel einer einflussreichen Familie, geschafft hat. Ferner wird Konkurrenz als leistungsfördernd und motivierend angesehen.

Das Sich-Messen mit anderen gilt zudem als wesentliches Mittel, um die eigene Leistung zu bestimmen. Die allgemeine Befürwortung jeder Art von Wettkampf und die oftmalige Begeisterung dafür führt dazu, dass Konkurrenzverhalten auch im familiären, freundschaftlichen Rahmen akzeptiert wird und nicht zu Konflikten führt. Aus diesen Gründen zeigen Studenten, wenn es um die Bearbeitung von Aufgaben geht, die für die Benotung eine Rolle spielen, eine Wettbewerbshaltung, die dann auch nicht als unkollegial oder egoistisch gilt, sondern allgemein toleriert oder sogar erwartet wird. Ausdruck dieser Einstellung ist unter anderem der »Honour Code«, der an einigen amerikanischen Universitäten gilt und ein Zusammenarbeiten oder Abschreiben bei Prüfungen streng verbietet. An manchen Universitäten wird dieses Ehrengebot so ernst genommen und bejaht, dass bei Prüfungen oftmals keine Aufsicht anwesend sein muss.

Deutsche Studenten neigen manchmal dazu, gegen diese Vorschrift zu verstoßen, und rufen dann verständlicherweise Verärgerung bei ihren amerikanischen Kollegen hervor, weil sie damit ein wichtiges Grundprinzip missachten. Natürlich kann man bei Problemen mit dem Prüfungsstoff mal einen Mitstudenten um Rat fragen, aber man sollte nicht unbedingt mehr als einen allgemeinen Tipp in die richtige Richtung erwarten und sich damit dann auch zufrieden geben.

▧ Beispiel 16: Die Mathematikaufgabe

▧ Situation

Carola und ihre deutschen Freunde hatten sich bei der letzten Mathematikhausaufgabe ausgerechnet, dass eine der Aufgaben, die sehr aufwändig war, fast nichts zählte und daher in keinem Verhältnis zum notwendigen Arbeitsaufwand stand. Sie entschlossen sich deshalb, diese eine Aufgabe einfach wegzulassen. Als ihre amerikanischen Mitstudenten sahen, dass die Deutschen eine Aufgabe nicht gemacht hatten, fragten sie, ob sie diese nicht gekonnt hätten. Carola antwortete, dass sie es gar nicht probiert hätten. Die Amerikaner reagierten auf diese Antwort ziemlich verständnislos. Auch nachdem Carola ihnen vorrechnete, dass diese Aufgabe fast nicht für die Endnote zählte, konnten die Amerikaner es immer noch nicht fassen, dass man eine Aufgabe einfach nicht bearbeitet.

Wie erklären Sie sich, dass ein solches Verhalten bei den amerikanischen Mitstudenten auf Unverständnis stieß?

- Lesen Sie nun die Antwortalternativen nacheinander durch.
- Bestimmen Sie den Erklärungswert jeder Antwortalternative für die gegebene Situation und kreuzen Sie ihn auf der darunter befindlichen Skala an. Es ist möglich, dass mehrere Antwortalternativen den gleichen Erklärungswert besitzen.

■ Deutungen

a) Die amerikanischen Studenten waren gewohnt, das zu tun, was verlangt wurde, und dachten nicht lange über Zweck und Nutzen nach.

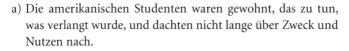

| sehr zutreffend | eher zutreffend | eher nicht zutreffend | nicht zutreffend |

b) Den Amerikanern erschienen die Aufgaben relativ einfach und schnell zu lösen, so dass sie gar nicht recht verstanden, wie man auf die Idee kommen konnte, sie nicht zu bearbeiten.

| sehr zutreffend | eher zutreffend | eher nicht zutreffend | nicht zutreffend |

c) In den USA wird Leistung an sich sehr positiv bewertet und nicht nur als Mittel zum Zweck gesehen, so dass man unabhängig von dem Einfluss auf die Note jede Aufgabe zu bearbeiten versucht.

| sehr zutreffend | eher zutreffend | eher nicht zutreffend | nicht zutreffend |

d) Die amerikanischen Studenten hielten es für sinnvoll, jede Aufgabe zumindest zu lösen zu versuchen, auch wenn sie für die Benotung an sich nicht so entscheidend war, um eine Rückmeldung über den eigenen Wissensstand zu erhalten.

| sehr zutreffend | eher zutreffend | eher nicht zutreffend | nicht zutreffend |

■ Bedeutungen

Erläuterungen zu a):

Das ist kaum anzunehmen! Hiermit haben Sie den Studenten entweder eine gewisse »Autoritätshörigkeit« unterstellt, die angesichts des Gleichheitsdenkens mit den Konsequenzen Ablehnung von autoritärem Verhalten, Forderung von Überzeugen statt Macht oder Zwang und Erziehung zu autonomem und eigenständigem Handeln kaum zutrifft.

Oder Sie sind von einer gewissen Gedankenlosigkeit der Studenten ausgegangen, die ebenso eher untypisch ist, da das Handeln der Amerikaner vorwiegend von einer Ziel- und Zweckorientierung bestimmt wird. Dabei stehen allerdings bei amerikanischen Studenten oft mehr die Punkte oder Noten im Mittelpunkt der Überlegungen, während der Stoff an sich weniger entscheidungsrelevant ist. Das heißt, in der Regel beschäftigt man sich nicht mit einer Sache, weil man sich dafür besonders interessiert, sondern weil man sich davon einen positiven Einfluss auf die Prüfungsergebnisse erhofft. Das stark strukturierte und mit reichlich Lernstoff und ständigen Prüfungen sehr straff organisierte Studium in den USA unterstützt leider ein solches Zweckdenken.

Erläuterungen zu b):

Nein, das Unverständnis über das Verhalten der Deutschen hängt nicht mit einer unterschiedlichen Einschätzung der Aufgabenschwierigkeit zusammen, sondern beruht auf einem kulturell bedingten, tiefer liegenden Unterschied.

Erläuterungen zu c):

Sie haben zwar richtig erkannt, dass Leistung für Amerikaner eine große Bedeutung hat, aber in der Einschätzung der Leistungsmotivation der Amerikaner etwas zu hoch gegriffen. Die hohe Leistungsbereitschaft beruht nicht in erster Linie darauf, dass Arbeit oder Leistung an sich so geschätzt werden, sondern überwiegend auf äußeren Anreizwerten wie Erfolg oder Geld. Ursprünglich haben zwar aufgrund des puritanischen Glaubens Arbeit und Leistung eine starke Befürwortung erfahren, inzwischen werden

Leistung oder Arbeit aber vor allem deshalb so betont, weil sie den Weg zu Erfolg und Ansehen darstellen. So haben die Studenten sicherlich die Aufgaben nicht wegen ihrer hohen Arbeitsmoral oder ihres besonderen Fleißes gemacht, sondern weil sie sich davon etwas versprachen. Schauen Sie sich die anderen Antworten unter dieser Perspektive noch einmal an.

Erläuterungen zu d):
Mit dieser Antwort haben Sie genau die grundlegenden Überlegungen der Amerikaner und das daraus resultierende Unverständnis gegenüber dem Verhalten der Deutschen erfasst.

Amerikaner sind seit dem ersten Schultag an eine ständige Bewertung und Kontrolle ihrer Leistungen gewöhnt. Sie brauchen diese Rückmeldungen für die Selbsteinschätzung und für die Selbstsicherheit. Dieses Bewertungsbedürfnis führt dazu, dass alle Gelegenheiten genutzt werden, um sich mit anderen zu messen und um ein Feedback über seine eigene Leistungsfähigkeit einzuholen. Die Studenten bearbeiteten im vorliegenden Fall die Aufgaben nicht, weil sie gewöhnt waren, jede Anordnung pflichtgemäß zu erfüllen oder weil ihre Leistungsbereitschaft an sich so hoch war, vielmehr wollten sie aufgrund des Bedürfnisses nach Rückmeldung im Gegensatz zu den deutschen Studenten jede Gelegenheit zur Überprüfung der eigenen Fähigkeiten nützen, um sich so selbst besser einschätzen zu können. Die regelmäßige Leistungsbewertung und -kontrolle an den amerikanischen Universitäten bedingt dabei allerdings, dass sich die Studenten oft mehr Gedanken über die Punkte und Zensuren als über den Lernstoff machen.

■ Kulturelle Verankerung von »Leistungsorientierung«

Der Kulturstandard »Leistungsorientierung« hängt mit dem vorhergehenden Kulturstandard »Handlungsorientierung« eng zusammen. Gemeinsam betrachtet bedeuten beide, dass für Amerikaner in erster Linie Aktivität zählt und zwar vor allem die Aktivität, die in Leistung resultiert.

Das Leistungsdenken der Amerikaner findet zum einen in der Befürwortung von Wettbewerb Ausdruck. Amerikaner glauben, dass Wettbewerb zum besten Ergebnis führt und sehen darin ein wichtiges Mittel der Motivation. Sie haben Spaß am Wettbewerb und lieben es, sich mit anderen zu messen. Daher wird Wettbewerbsdenken auch im Privatbereich, also etwa unter Freunden, akzeptiert.

Das Leistungsdenken bedingt außerdem, dass Identität oder Erfolg über die persönlichen Leistungen bestimmt werden. Was man ist und was man erreicht hat, lässt sich nach Ansicht der Amerikaner aus den sichtbaren Leistungen erkennen. Nicht von ungefähr wird in den USA daher oftmals Quantität mehr beachtet als Qualität, zum Beispiel was wissenschaftliche Publikationen betrifft. Leistung ist also für einen Amerikaner ein wichtiges Mittel der Selbstbewertung und Selbsteinschätzung. Dabei wird angenommen, dass sich Leistung und damit indirekt Begabung oder Erfolg quantifizieren und messen lassen. Ein weiterer Aspekt ist, dass Amerikaner sehr sensibel für Lob und Kritik sind. Da das Selbstbild von der Leistung abhängt, sind Leistungsrückmeldungen ganz wichtig.

Um nicht ein zu einseitiges Bild von der amerikanischen Mentalität zu skizzieren, ist noch folgende Ergänzung notwendig: Wettbewerb spielt zwar eine große Rolle, was auch mit der stark individuumszentrierten Einstellung der Amerikaner zusammenhängt, aber im Laufe gesellschaftlicher Veränderungen werden zunehmend – gerade im beruflichen Bereich – soziale Fähigkeiten wie etwa Fairness oder Kooperationsbereitschaft betont. In einem Team ist eben Konformismus wichtiger als Individualismus. Allerdings ist auch in einem Team jeder für sich und seine Leistungen allein verantwortlich.

Das Leistungsdenken der Amerikaner lässt sich eigentlich auf die gleichen Ursachen zurückführen wie die Handlungsorientierung. Ein entscheidender Faktor war vermutlich der puritanische Glaube, da im Puritanismus weltlicher Erfolg eines Menschen als Zeichen dafür galt, dass er von Gott erwählt war, beziehungsweise Gott ihm seine Gnade geschenkt hat. Damit war weltlicher Erfolg mit hohem Ansehen verbunden und Werte wie Wettkampf- und Leistungsdenken erhielten eine positive Bewertung. Aus diesem

Grund wurden sie auch im privaten, familiären Bereich befürwortet und erfuhren hier nicht – wie in Deutschland – eine Ablehnung. Ein anderer, wichtiger Faktor war die Tatsache, dass Amerika von Anfang an eine klassenlose Gesellschaft darstellte. Das amerikanische System besaß keine feste Klasseneinteilung, so dass man nicht durch Geburt in irgendeine Klasse hineingeboren wurde, sondern allein durch die persönliche Leistung eine bestimmte gesellschaftliche Stellung erreichte. Das gesellschaftliche System war und ist so gesehen wie eine Leiter, auf die man je nach Anstrengung und Einsatz – an Pech oder Glück glauben die Amerikaner ja vorwiegend nicht – auf- oder absteigen kann. Der Glaube an die gleichen Startchancen und die Ablehnung von Privilegien oder Bevorzugungen rufen eine Wettbewerbshaltung hervor, da jeder nur durch die eigene Anstrengung und im Wettstreit mit seinen Mitmenschen seinen Lebenserfolg und sein gesellschaftliches Ansehen bestimmt.

Plannerer

Themenbereich 6: »Individualismus«

Beispiel 17: Der Skiausflug

Situation

Matthias hatte sich mit Jeff, einem amerikanischen Kommilitonen, zum Skifahren verabredet. Er freute sich schon auf den Tag und hatte alle anstehenden Arbeiten dafür extra vorgezogen. Kurz vor dem vereinbarten Termin rief Matthias bei Jeff noch einmal an, um ein paar Dinge bezüglich des Skiausfluges zu besprechen. Jeff äußerte gleich nach den ersten Worten von Matthias überraschend, dass er jetzt leider doch keine Zeit habe, um wegzufahren. Matthias war über diese Antwort sehr erstaunt, weil er davon ausgegangen war, dass der Skiausflug fest ausgemacht war und daher nur bei wirklich wichtigen Gründen abgesagt werden würde.

Wieso sagte Jeff so kurz vorher ab und teilte dies nicht einmal von sich aus Matthias mit?

– Lesen Sie nun die Antwortalternativen nacheinander durch.
– Bestimmen Sie den Erklärungswert jeder Antwortalternative für die gegebene Situation und kreuzen Sie ihn auf der darunter befindlichen Skala an. Es ist möglich, dass mehrere Antwortalternativen den gleichen Erklärungswert besitzen.

Deutungen

a) Jeff war von vornherein nicht sehr daran interessiert gewesen, mit Matthias wegzufahren, und hatte sich deshalb nicht besonders um ein Einhalten-Können der Verabredung bemüht.

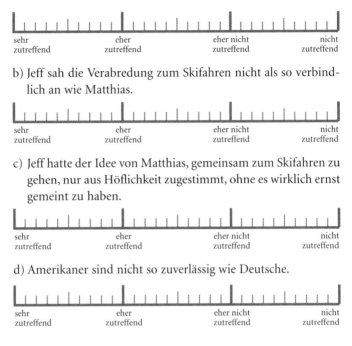

sehr
zutreffend

eher
zutreffend

eher nicht
zutreffend

nicht
zutreffend

b) Jeff sah die Verabredung zum Skifahren nicht als so verbindlich an wie Matthias.

sehr
zutreffend

eher
zutreffend

eher nicht
zutreffend

nicht
zutreffend

c) Jeff hatte der Idee von Matthias, gemeinsam zum Skifahren zu
gehen, nur aus Höflichkeit zugestimmt, ohne es wirklich ernst
gemeint zu haben.

sehr
zutreffend

eher
zutreffend

eher nicht
zutreffend

nicht
zutreffend

d) Amerikaner sind nicht so zuverlässig wie Deutsche.

sehr
zutreffend

eher
zutreffend

eher nicht
zutreffend

nicht
zutreffend

■ Bedeutungen

Erläuterungen zu a):

Mit dieser Vermutung liegen Sie falsch. Es ist allerdings nicht un-
wahrscheinlich, dass einem direkt Betroffenen derartige Gedanken im ersten Moment durch den Kopf gehen. Gerade wenn man
so etwas das erste Mal erlebt, denkt man eventuell nicht gleich an
kulturelle Unterschiede, sondern sucht die Ursachen des Verhaltens entweder bei sich oder bei dem anderen und erwägt Erklärungen wie etwa persönliche Nachlässigkeit oder geringes persönli-
ches Interesse. Erst wenn man wiederholt ähnliche Erfahrungen
macht, taucht die Frage nach einem möglicherweise kulturbeding-
ten Verhalten auf. Und genau darum geht es auch hier. Es steht
tatsächlich ein allgemeiner kultureller Einstellungs- und Verhaltensunterschied dahinter. Die Frage ist nur noch: Welcher?

Festzuhalten bleibt, dass man als Gast in einer anderen Kultur
zwei Fehler machen kann. Entweder wird das Verhalten des fremdkulturellen Interaktionspartners vorschnell als kulturbedingt ab-

getan, besonders dann, wenn dadurch bestehende Vorurteile scheinbar bestätigt werden, oder man führt es auf die spezielle Situation oder Person zurück und unterliegt dann vielleicht wiederholt den gleichen Missverständnissen oder Missgeschicken, weil man keine allgemeine Schlussfolgerung aus den Erfahrungen zieht. Gegen beide Irrtümer hilft nur, solche unverständlich erscheinenden Erlebnisse mit Amerikanern oder USA-erfahrenen Deutschen zu besprechen oder auf geeignete Literatur zurückzugreifen, um der Sache wirklich angemessen auf den Grund gehen zu können. Das vorliegende Training soll eine erste Hilfestellung hierzu bieten.

Erläuterungen zu b):
Ja, genau das ist die passendste Erklärung. In den USA gelten, abgesehen vom beruflichen oder so genannten »öffentlichen Bereich«, Verabredungen oder Zusagen nicht als so verbindlich wie bei uns. Es ist daher unbedingt empfehlenswert, sich bei jeder Vereinbarung kurz vor dem betreffenden Termin noch einmal zu erkundigen, ob es bei der Verabredung bleibt. Diese Unverbindlichkeit hängt zum einen damit zusammen, dass Amerikaner weniger gewohnt sind, langfristig zu planen. Entscheidender ist aber die Tatsache, dass Amerikaner Wert auf einen individuellen Handlungsspielraum legen und sich daher von vornherein nicht so festlegen wollen. So empfinden amerikanische Studenten ihren persönlichen Freiraum aufgrund des großen zeitlichen Studienaufwands und den nebenbei laufenden Jobs schon als stark eingeschränkt und sind folglich bemüht, sich nicht noch zusätzlichen Verpflichtungen zu unterwerfen.

Problematischerweise kommt in diesem Fall hinzu, dass man so eine Situation als Gaststudent schwerwiegender erlebt, weil man meist noch nicht besonders viele Kontakte geknüpft hat und stärker um sozialen Anschluss bemüht ist. Man hängt sich folglich mehr an solche Verabredungen und reagiert dann enttäuschter, als wenn zu Hause mal eine Verabredung platzt.

Erläuterungen zu c):
So ganz abwegig liegen Sie mit dieser Annahme gar nicht, auch wenn Sie nicht die zentrale Ursache getroffen haben. Amerikaner

103

sind sehr darum bemüht, auf ihre Mitmenschen einen freundlichen und hilfsbereiten Eindruck zu machen. Daher werden oftmals Zusagen ausgesprochen, ohne dass genau überlegt wird, ob diese eigentlich auch wirklich eingehalten werden können. In diesem Bemühen, auf andere Menschen zuzugehen und ihnen positiv zu begegnen, nehmen sich Amerikaner häufig zu viel vor oder sagen vorschnell etwas zu und müssen dann später feststellen, dass sie nun gar keine Zeit oder Lust haben, diese Zusagen auch zu verwirklichen. Allerdings geht das Ganze nicht so weit, dass man sich auf Verabredungen oder Zusagen einlässt, an denen man von vornherein bewusst kein ernsthaftes Interesse hat. Das heißt, es ist nicht Falschheit oder Heuchelei, sondern so etwas wie Selbstüberschätzung oder zu großer Optimismus, was dahinter steht. Jeff hat sich sicherlich nicht aus bloßer Höflichkeit auf die Verabredung eingelassen, sondern zunächst wirklich Interesse daran gehabt.

Erläuterungen zu d):
Sie haben richtig erkannt, dass hier ein kulturbedingter Unterschied im Umgang mit Verabredungen vorliegen muss. Es ist jedoch falsch, wenn Sie diesen Unterschied mit unterschiedlicher Zuverlässigkeit zu erklären versuchen. Amerikaner sind bestimmt ebenso zuverlässig wie Deutsche, wenn es darauf ankommt. Die Situation aber, in der Zuverlässigkeit als wichtig angesehen wird, dieses Darauf-Ankommen kann je nach Kultur unterschiedlich aussehen. So hatte der Amerikaner im vorliegenden Fall gar nicht das Gefühl, unzuverlässig zu sein, als er kurz vorher absagte, weil er die Verabredung ganz anders einstufte als der Deutsche. Vielleicht kommen Sie mit diesem Hinweis weiter.

■ Beispiel 18: Die Party

■ Situation

Tiemo und Rudi erzählten ihren amerikanischen Freunden, dass sie planen, eine Party zu geben. Ihre Freunde waren von dieser

Idee richtig begeistert und äußerten auch, dass sie gerne kommen würden. Nachdem der genaue Termin feststand und Tiemo und Rudi ihre Freunde davon unterrichteten, meinten plötzlich einige, dass sie gerade sehr viel zu tun hätten und nur vielleicht kommen könnten. Zur Party erschienen schließlich wesentlich weniger Freunde, als Tiemo und Rudi aufgrund der anfänglichen Begeisterung angenommen hatten.

Sie fragten sich, warum sich ihre Freunde erst so begeistert über die Einladung gezeigt hatten und dann aber nicht kamen. Welche Antwort würden Sie den beiden geben?

– Lesen Sie nun die Antwortalternativen nacheinander durch.
– Bestimmen Sie den Erklärungswert jeder Antwortalternative für die gegebene Situation und kreuzen Sie ihn auf der darunter befindlichen Skala an. Es ist möglich, dass mehrere Antwortalternativen den gleichen Erklärungswert besitzen.

◼ Deutungen

a) In Amerika ist es üblich, die Leute zusätzlich schriftlich zu einer Party einzuladen.

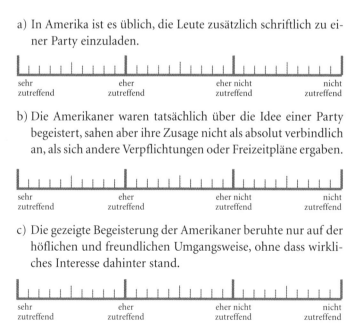

b) Die Amerikaner waren tatsächlich über die Idee einer Party begeistert, sahen aber ihre Zusage nicht als absolut verbindlich an, als sich andere Verpflichtungen oder Freizeitpläne ergaben.

c) Die gezeigte Begeisterung der Amerikaner beruhte nur auf der höflichen und freundlichen Umgangsweise, ohne dass wirkliches Interesse dahinter stand.

d) Die Amerikaner hatten einfach keine Zeit, da sie durch Job und Studium schon sehr eingespannt waren.

| sehr | eher | eher nicht | nicht |
| zutreffend | zutreffend | zutreffend | zutreffend |

■ Bedeutungen

Erläuterungen zu a):

Gerade für Amerikaner und insbesondere für Studenten, die eher eine informelle und ungezwungene Umgangsweise bevorzugen, ist so eine Annahme kaum berechtigt. Außerdem werden in den USA Partys, die unter Studenten sozusagen am laufenden Band stattfinden, viel lockerer angegangen als bei uns. Man wird nicht gleich aus dem Konzept geworfen, wenn noch mehr Gäste kommen als eingeplant. Neben der angesprochenen Gelassenheit steht hier auch dahinter, dass man über solche Partys ja gerade den Kontakt zu anderen sucht, Geselligkeit wünscht und nicht nur im kleinen Kreise mit den alten Bekannten feiern will.

Eine schriftliche Einladung kann allerdings bewirken, dass Amerikaner die Zusage zu einer derartigen Einladung verbindlicher sehen und dann mit größerer Sicherheit kommen. Wenn man als Deutscher also Probleme mit einer ungewissen Gästezahl hat, dann könnte man den Amerikanern dadurch klar machen, dass man Wert auf ein sicheres Erscheinen legt.

Erläuterungen zu b):

Ja, hier liegt ein ähnlicher Fall vor wie in der vorhergehenden Situation. Die Amerikaner haben sich wirklich über die Einladung zu der Party gefreut – Partys mögen Amerikaner in der Regel immer – aber sie haben sich nicht aufgrund der allgemeinen Zusage verpflichtet gefühlt, dann wirklich hinzugehen. Ebenso wie im vorangegangenen Beispiel liegt hier der Wunsch nach Unabhängigkeit zugrunde, der bedingt, dass persönliche Verpflichtungen nach Möglichkeit vermieden werden. Deshalb fühlen sich Amerikaner auch gegenüber Gruppen, denen sie angehören, nicht in dem Maße verpflichtet wie wir und können diese daher bei Änderung der eigenen Interessenlage schneller und beden-

106

kenloser verlassen. Die schwächere Bindung an Gruppen zeigt sich gleichfalls darin, dass die familiäre Gemeinschaft für Amerikaner nicht dieselbe zentrale Bedeutung hat wie für uns. Das Gefühl, füreinander Verantwortung übernehmen zu müssen, seine individuellen Bedürfnisse familiären Belangen unterordnen zu müssen, die eigenen Handlungen mit der Familie abstimmen und gewisse familiäre Verpflichtungen erfüllen zu müssen, ist nicht so stark ausgeprägt wie unter den Deutschen.

Erläuterungen zu c):

Mit dieser Antwort wird ein wichtiger Aspekt, wenn auch nicht ganz treffend, angesprochen. Dass die Amerikaner so begeistert reagierten, muss tatsächlich nicht unbedingt gleich besondere Freude und großes Interesse über die spezielle Einladung bedeuten, sondern kann auf der allgemeinen Umgangsweise der Amerikaner beruhen, die dem Bemühen entspricht, den Mitmenschen möglichst positiv und freundlich zu begegnen. In den USA wird ein Vorschlag oder eine Äußerung mit viel mehr Beifall oder Zustimmung beantwortet als bei uns. Wenn sich Amerikaner über eine Sache begeistert äußern, bedeutet das folglich nicht gleich so viel wie in Deutschland, da der Maßstab viel höher anzusetzen ist. Insofern haben Tiemo und Rudi den positiven Äußerungen ihrer Freunde zu viel Bedeutung beigemessen und nicht erkannt, dass das eher eine allgemeine Reaktionsweise ist. Diese Verhaltensnorm geht allerdings nicht so weit, dass man sich zu einer Angelegenheit begeistert äußert, an der man eigentlich überhaupt nicht interessiert ist oder zu der man im Innersten eine ganz andere Einstellung hat. Mit der gewählten Antwort wird den Amerikanern eher so etwas wie Falschheit oder Heuchelei unterstellt, womit man ihnen gewiss Unrecht tut.

Erläuterungen zu d):

So irrelevant sich diese Antwort für deutsche Verhältnisse auch anhören mag, für amerikanische Studenten hat sie durchaus Gültigkeit. Amerikanische Studenten sind in ihrem Studium wegen den ständigen Prüfungen viel mehr eingespannt als ihre meisten deutschen Kollegen und arbeiten zudem nebenbei noch kräftig, um ihr Studium ganz oder zumindest teilweise zu finanzieren, so dass die Freizeit schon stark eingeengt ist. Außerdem nehmen sich Amerikaner ja bekanntlich aufgrund der Handlungsorientierung für die Freizeit oft mehr vor als Deutsche. Dabei kann es leicht passieren, dass man sich zuviel zugemutet und die eigene Aktivität überschätzt hat und dann das eine oder andere Vorhaben auf der Strecke bleiben muss. Wichtig für Gaststudenten diesbezüglich ist, dass sie den begrenzten zeitlichen Spielraum ihrer amerikanischen Mitstudenten in der Freizeit richtig einschätzen, um nicht zu schnell enttäuscht zu sein, wenn diese nicht so viel Zeit für gemeinsame Unternehmungen zur Verfügung haben wie erwartet oder erwünscht. Das Verhalten der Amerikaner in der vorliegenden Situation hängt jedoch nicht nur mit den unterschiedlichen zeitlichen Freiräumen zusammen, sondern beruht auf einem elementareren Unterschied zwischen Deutschen und Amerikanern.

◼ Beispiel 19: Die Bergtour

◼ Situation

Angelika war Mitglied in einem Wanderverein, der auch richtige Bergtouren in den Rocky Mountains organisierte. An einem Wochenende war die Besteigung des zweithöchsten Berges der Rocky Mountains geplant, wo auf halber Höhe campiert werden sollte. Unterwegs stellte Angelika fest, dass sie die Anforderungen der Tour und vor allem die Temperaturen nicht richtig eingeschätzt hatte und daher nicht entsprechend ausgerüstet war. In der Nacht konnte sie vor Kälte gar nicht schlafen, und beim Gehen fror sie ebenfalls sehr. Aufgrund der Vorinformationen hatte Angelika überhaupt nicht damit gerechnet, solche extremen Verhältnisse vorzufinden. Auch die anderen teilnehmenden Ausländer hatten Probleme bei dieser Tour.

Warum haben Ihrer Meinung nach die Veranstalter nicht ganz konkret auf die notwendige Ausrüstung hingewiesen und die Anforderungen genauer erwähnt, zumal auch einige Ausländer Mitglieder des Vereins waren?

- Lesen Sie nun die Antwortalternativen nacheinander durch.
- Bestimmen Sie den Erklärungswert jeder Antwortalternative für die gegebene Situation und kreuzen Sie ihn auf der darunter befindlichen Skala an. Es ist möglich, dass mehrere Antwortalternativen den gleichen Erklärungswert besitzen.

▨ Deutungen

a) In einem Hiking-Club sind nicht Feld- und Wiesenwanderer deutscher Machart versammelt, sondern erfahrene Trekking-Freaks, die wissen, was sie auf solchen Touren erwartet.

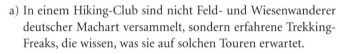

| sehr zutreffend | eher zutreffend | eher nicht zutreffend | nicht zutreffend |

b) Es wurde davon ausgegangen, dass sich die einzelnen Teilnehmer bei Bedarf von sich aus genauer informieren würden.

| sehr zutreffend | eher zutreffend | eher nicht zutreffend | nicht zutreffend |

c) Es wurde nicht alles so perfekt durchorganisiert und geplant wie bei vielen deutschen Vereinen.

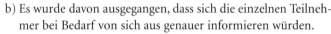

| sehr zutreffend | eher zutreffend | eher nicht zutreffend | nicht zutreffend |

d) Die Veranstalter hatten selbst die Anforderungen unterschätzt.

| sehr zutreffend | eher zutreffend | eher nicht zutreffend | nicht zutreffend |

▨ Bedeutungen

Erläuterungen zu a):
Die gewählte Antwort erfasst zwar einen durchaus richtigen Aspekt, da ein amerikanischer Hiking-Club wirklich etwas anderes darstellt als ein deutscher Wanderverein; diese Tatsache ist hier aber nicht allein ausschlaggebend.

Erläuterungen zu b):

Genau, das ist der zentrale Punkt. Die große Bedeutung, die Amerikaner Eigenschaften wie Unabhängigkeit, Eigeninitiative, Selbstständigkeit oder Selbstvertrauen beimessen, kommt unter anderem darin zum Ausdruck, dass der Einzelne sogar bei Gruppenaktivitäten ein gewisses Gefühl der Eigenverantwortlichkeit behält. Er erwartet nicht unbedingt, dass sozusagen von oben alles genau vorgegeben und jede Schwierigkeit abgenommen wird, sondern fühlt sich selbst für Organisation und problemlosen Ablauf mit zuständig. Die Betonung solcher individualistischen Züge bedingt, dass ein Amerikaner auch in der Rolle als Gruppenmitglied seine eigenen Interessen vor Augen hat, auf Gruppenentscheidungen angemessenen Einfluss ausüben will, sich weiterhin als Einzelperson angesprochen fühlt und die Verantwortung nicht auf die Gruppe als Ganzes abschiebt. Eine Gruppe ist für Amerikaner eben eine Ansammlung von Individuen.

Während sich im vorliegenden Fall die deutschen und anderen ausländischen Mitglieder darauf verlassen haben, dass sich die Organisatoren um alles kümmern und ihnen genaue Handlungsanweisungen geben oder sie auf alle wichtigen Aspekte hinweisen, hätte ein Amerikaner vermutlich von sich aus die Initiative ergriffen, um beispielsweise genauere Informationen einzuholen, falls er sich selbst über die Bedingungen und Anforderungen nicht sicher gewesen wäre. Zumindest aber hätte er bei einer mangelhaften Ausrüstung dann nicht die Organisation dafür allein verantwortlich gemacht, sondern auch bei sich selbst die Schuld gesucht.

Das gesamte gesellschaftliche System Amerikas ist eigentlich von der Einstellung geprägt, dass das Individuum für seine Angelegenheiten und Probleme selbst zuständig ist und die Verantwortung beispielsweise nicht bei irgendwelchen staatlichen Institutionen zu suchen ist. So besitzen die USA nicht so ein ausgeprägtes staatliches Sozial- und Versicherungssystem wie wir in Deutschland. Da man von »oben« keine Hilfe erwartet, weil man den Staat ja nicht für private Schwierigkeiten als zuständig ansieht, sind die Wohlfahrts- und Hilfsorganisationen auf privater Ebene viel ausgeprägter. Fast jeder zweite Amerikaner ist in irgendeiner Form bei Wohlfahrtsverbänden oder Hilfsorganisationen ehrenamtlich tätig.

Anzumerken bleibt, dass diese Betonung der Eigenverantwortlichkeit nicht überall unbedingt gleich zur absoluten persönlichen Freiheit führt. Oftmals stößt man in Amerika auf penibels-
te und einem sehr bevormundend erscheinende Gebote und
Verbote. Dies hängt dann aber vor allem mit der Art der Rechts-
vorstellungen in Amerika zusammen, wo es ganz strenge Vorstellungen über Haftung und Schadenersatz gibt.

Erläuterungen zu c):
Hier haben Sie vermutlich das bisher Gelernte zu sehr generalisiert. Richtig ist, wie in einem der ersten Trainingsabschnitte ja
schon behandelt wurde, dass Amerikaner nicht unbedingt alles
so perfekt und bis ins letzte Detail planen. Dies betrifft jedoch
nur Angelegenheiten, in denen eine exakte Planung nicht als wesentlich erachtet wird. Es wird also nicht behauptet, dass Amerikaner generell weniger Wert auf gute Organisation und Vorbereitung legen, sondern in erster Linie der Gegensatz zu den Deutschen herausgestrichen, die jede Sache mit dem Anspruch des
Perfektionismus angehen, selbst wenn es gar nicht unbedingt
notwendig ist. Bei einer solchen Tour, die nicht gerade ein Sonn-
tagsspaziergang ist, werden sich auch amerikanische Führer genauere Vorüberlegungen machen und eine sorgfältige Planung
durchführen.

Erläuterungen zu d):
Nein, das ist kaum anzunehmen, zumal es sich hierbei nicht um
irgendeinen ortsfremden und mit der Materie nicht vertrauten
Verein handelt.

◼ Beispiel 20: Das Wiedersehen

◼ Situation

Stefan wurde von Allison, einer amerikanischen Kommilitonin,
die er schon von verschiedenen Kursen her kannte, zu ihrer Party
eingeladen. Es war ein sehr netter Abend und zum Abschied
meinte Allison, dass er doch mal wieder bei ihr vorbeischauen
könnte. Als Stefan ein paar Tage später in der Nähe ihrer Woh-

nung zu tun hatte, erinnerte er sich an die Einladung und klingelte bei Allison. Allison begrüßte ihn freundlich, bot ihm was zu trinken an, ließ aber den Fernseher weiter laufen. Stefan versuchte, ein Gespräch anzufangen, indem er das Studium von Allison ansprach. Da aber nur kurze Antworten kamen und Allison auch keine Gegenfragen stellte, gab er dies bald auf und schaute ebenfalls in den Fernseher. Er schloss aus der fehlenden Gesprächsbereitschaft von Allison, dass sie an einem Kontakt nicht weiter interessiert sei und verabschiedete sich deshalb etwas enttäuscht bald wieder.

Wie erklären Sie sich, dass Allison Stefan erst eingeladen und dann so wenig Interesse an einem Gespräch bei seinem Besuch gezeigt hatte?

– Lesen Sie nun die Antwortalternativen nacheinander durch.
– Bestimmen Sie den Erklärungswert jeder Antwortalternative für die gegebene Situation und kreuzen Sie ihn auf der darunter befindlichen Skala an. Es ist möglich, dass mehrere Antwortalternativen den gleichen Erklärungswert besitzen.

■ Deutungen

a) Allison war darüber verärgert, dass Stefan einfach unangemeldet vorbeigekommen war und ihr damit nicht die Gelegenheit gab, sich auf seinen Besuch einzustellen.

sehr   eher   eher nicht   nicht
zutreffend   zutreffend   zutreffend   zutreffend

b) Die Einladung war aus Höflichkeit ausgesprochen worden und nicht ernst gemeint.

sehr   eher   eher nicht   nicht
zutreffend   zutreffend   zutreffend   zutreffend

c) Da Stefan unangemeldet vorbeigekommen war, dachte Allison, dass sie auch gemeinsam den gerade begonnenen Fernsehfilm anschauen könnten, ohne damit Desinteresse zum Ausdruck bringen zu wollen.

sehr   eher   eher nicht   nicht
zutreffend   zutreffend   zutreffend   zutreffend

d) Amerikaner sind im Allgemeinen nicht besonders an Gesprächen interessiert, sondern halten gemeinsames Fernsehen für
unterhaltsamer und produktiver.

sehr   eher   eher nicht   nicht
zutreffend   zutreffend   zutreffend   zutreffend

◼ Bedeutungen

Erläuterungen zu a):
Es spricht nichts dafür, dass Allison verärgert war. Abgesehen
davon würde dies auch der amerikanischen Mentalität nicht besonders entsprechen. Allerdings ist es bei Amerikanern, selbst
unter Studenten, eher unüblich, unangemeldet bei jemanden
vorbeizuschauen; zumindest ruft man kurz vorher an und er-
kundigt sich, ob dem anderen ein Besuch gerade ins Konzept
passt. Wenn man sich weniger gut kennt, ist es sogar so, dass
man auf eine ausdrückliche Einladung wartet und sich nicht
von selber einlädt. Dies hängt vor allem damit zusammen, dass
Amerikaner ihre Freizeit für sich selbst meist genau planen und
dabei weitgehend von ihren eigenen Interessen und Zielen ausgehen wollen. So ein plötzlicher Überraschungsbesuch kann
dann eben eventuell nicht in den eigenen Zeitplan passen. Zudem zählt ein weniger zielorientiertes Zusammenkommen und
Plaudern, wie es sich meist bei einem spontanen Besuch ergibt,
für Amerikaner nicht so viel und ist schon deshalb nicht so verbreitet. Mit diesen Informationen müsste aber jetzt klar geworden sein, wo der Knackpunkt in diesem Fall liegt.

Erläuterungen zu b):
Dieser Aspekt sollte natürlich auch in Betracht gezogen werden,
weil die amerikanische Sprache, wie bereits erwähnt, voll von
Ausdrücken ist, die nicht immer wörtlich gemeint sind. Deshalb
ist es sicherlich in einem solchen Fall ratsam, nochmals nachzufragen oder zumindest kurz vor dem geplanten Besuch anzuru-

fen und sich zu erkundigen, ob man vorbeikommen könnte; denn dann hat der andere, falls die Einladung wirklich mehr so dahingesagt war, die Möglichkeit einer Ausrede. Außerdem ist es sowieso unüblich, unangemeldet bei jemand vorbeizukommen, auch unter jungen Leuten.

Erläuterungen zu c):
Richtig, damit wird das Verhalten von Allison am besten erklärt. Es ist in der Tat in den USA unüblich, unangemeldet auch nur »auf einen Sprung« bei jemandem vorbeizuschauen, denn Amerikaner wollen ihren Tagesablauf so weit wie möglich selbst bestimmen. Da Stefan seinen Besuch nicht angekündigt hatte, fühlte sich Allison nicht verpflichtet, ihr Vorhaben wegen seines Besuchs aufzugeben. Dieses Verfolgen eigener Interessen ist ein Aspekt der individualistischen Einstellung der Amerikaner. Das allgemeine Verhalten von Amerikanern gegenüber Gästen kann sicherlich ebenfalls damit erklärt werden. Amerikaner sind sehr gastfreundlich und nehmen sogar oft mehr oder weniger fremde Personen herzlich auf. Der Gast nimmt aber nicht, wie bei uns, einen solchen Sonderstatus ein. Deshalb fühlen sich Amerikaner nicht so sehr wie Deutsche verpflichtet, das eigene Handeln nach dem Gast auszurichten. Der geplante Tagesablauf oder die Lebensgewohnheiten werden wegen einem Besuch nicht unbedingt gleich verändert. Der Gast wird aufgefordert, sich wie zu Hause zu fühlen, was auch wirklich so gemeint ist, und in die wichtigsten Belange eingewiesen, ansonsten geht man aber davon aus, dass er sich schon selbst um sich kümmern wird.

In dem vorliegenden Fall kommt außerdem noch hinzu, dass Fernsehen beim Besuch unter Amerikanern durchaus üblich ist, während dies bei uns eher als unhöflich gilt. In Amerika unterhält man sich oft, während gleichzeitig der Fernseher oder das Radio läuft. Manchmal trifft man sich auch nur, um gemeinsam fernzusehen. So gesehen dachte sich Allison sicherlich gar nichts bei ihrem Verhalten und war sich nicht bewusst, dass sie für einen Deutschen damit Desinteresse signalisierte.

Erläuterungen zu d):

Die Vermutung, dass Amerikaner Fernsehen für produktiv halten, ist vielleicht doch etwas weit gegriffen. Darüber hinaus kann auch nicht behauptet werden, dass Amerikaner generell an Gesprächen kein allzu großes Interesse zeigen. Zum Kennenlernen oder zum Erfahrungs- und Problemaustausch unter guten Freunden ist ein Gespräch durchaus erwünscht und üblich. Lediglich ein mehr zielloses Plaudern ist weniger verbreitet. Den Amerikanern kommt es eben oft mehr auf Geselligkeit und Zusammensein an sich an und weniger auf tiefer gehende Gespräche und Diskussionen, was bei uns ja durchaus ein wichtiges Motiv für ein Zusammentreffen mit anderen ist. Von daher unternehmen Amerikaner gerade im Zusammensein mit mehreren Personen oft gezielt etwas, und wenn es manchmal auch nur Fernsehen ist.

■ Beispiel 21: Das Partykomitee

■ Situation

Sonja wollte mit ihren neun amerikanischen Mitbewohnerinnen eine Party geben. Sie war es von Deutschland her gewöhnt, dass man sich dazu ganz zwanglos zusammensetzt und die Aufgaben verteilt sowie sich über die Einkäufe abspricht. Daher war sie sehr überrascht, als ihre Mitbewohnerinnen zuerst ein Komitee bildeten und anschließend richtige demokratische Abstimmungsprozesse über die anstehenden Einkäufe mittels Händeheben durchführten. Die Mädchen waren sich zum Beispiel zunächst nicht einig, ob ein Bierfass für $30 oder $60 gekauft werden sollte. Erst, nachdem jeder dem Kauf des $60-Fasses zugestimmt hatte, konnte der Einkauf getätigt werden. Andernfalls hätten die Befürworter des teureren Fasses die Differenz selber zahlen müssen. Sonja war über diese Vorgehensweise sehr erstaunt.

Was mag der Grund für das genaue Vorgehen der Mitbewohnerinnen bei der Planung gewesen sein?

– Lesen Sie nun die Antwortalternativen nacheinander durch.

– Bestimmen Sie den Erklärungswert jeder Antwortalternative für die gegebene Situation und kreuzen Sie ihn auf der darunter befindlichen Skala an. Es ist möglich, dass mehrere Antwortalternativen den gleichen Erklärungswert besitzen.

■ Deutungen

a) Da in Amerika die meisten Entscheidungen in Gruppen getroffen werden, sind die Amerikaner mit den dazugehörigen Entscheidungsverfahren und -regeln sehr vertraut.

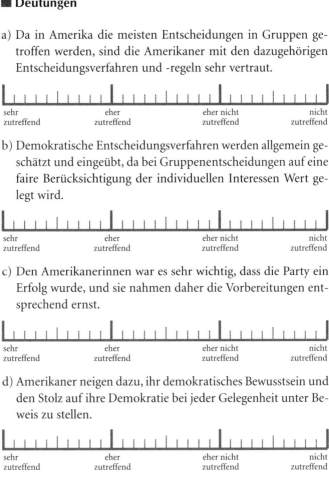

| sehr zutreffend | eher zutreffend | eher nicht zutreffend | nicht zutreffend |

b) Demokratische Entscheidungsverfahren werden allgemein geschätzt und eingeübt, da bei Gruppenentscheidungen auf eine faire Berücksichtigung der individuellen Interessen Wert gelegt wird.

| sehr zutreffend | eher zutreffend | eher nicht zutreffend | nicht zutreffend |

c) Den Amerikanerinnen war es sehr wichtig, dass die Party ein Erfolg wurde, und sie nahmen daher die Vorbereitungen entsprechend ernst.

| sehr zutreffend | eher zutreffend | eher nicht zutreffend | nicht zutreffend |

d) Amerikaner neigen dazu, ihr demokratisches Bewusstsein und den Stolz auf ihre Demokratie bei jeder Gelegenheit unter Beweis zu stellen.

| sehr zutreffend | eher zutreffend | eher nicht zutreffend | nicht zutreffend |

116

■ Bedeutungen

Erläuterungen zu a):

So plausibel diese Antwort auch klingt, ist sie doch gerade für die amerikanische Kultur wenig treffend. Amerikaner arbeiten zwar beruflich oft im Team und gehören auch in der Freizeit unzähligen Gruppen an, da sie Wert auf Geselligkeit und sozialen Anschluss legen, so dass zwangsläufig viele Entscheidungen in Gruppen getroffen werden. Die meisten Entscheidungen aber, nämlich die, die persönliche Angelegenheiten betreffen, werden autonom und selbstständig gefällt. Schon von klein auf werden Amerikaner ermuntert, Entscheidungen selbst zu treffen und sich selbst als die fähigste Entscheidungsinstanz anzusehen. Angelegenheiten, die in anderen, vor allem nicht-westlichen Kulturen durch die Familie oder die soziale Gemeinschaft bestimmt oder mitbestimmt werden, werden bei Amerikanern auf ganz individueller Ebene entschieden. Das Verhalten der Amerikaner kann also nicht darauf zurückgeführt werden, dass sie gewöhnt sind, Entscheidungen vorwiegend in Gruppen zu treffen. Zudem würde mit dieser Antwort ja eigentlich nur erklärt werden können, warum man solche Abstimmungsprozeduren und Entscheidungsverfahren anzuwenden gewöhnt ist, nicht aber, warum man überhaupt so viel Wert darauf legt. Überlegen Sie, was der Grund dafür sein könnte, und schauen Sie sich dann die anderen Antworten noch einmal an.

Erläuterungen zu b):

Ja, mit dieser Antwort wird der Hintergrund des geschilderten Verhaltens genau erfasst. Amerikaner sind in ihrem Handeln sehr individuumszentriert. Das heißt zum Beispiel, dass sie bei Entscheidungen von sich selbst, also von ihren eigenen Interessen und Bedürfnissen, ausgehen. Diese Selbstorientierung prägt auch das Verhalten der Amerikaner in Gruppen. So erwartet ein Amerikaner als Mitglied einer Gruppe, dass er bei Gruppenentscheidungen seine eigene Meinung einbringen und einen fairen Einfluss auf die endgültige Entscheidung ausüben kann. Ebenso wie der Amerikaner sich als Einzelperson für sein Handeln allein verantwortlich fühlt, schiebt er gleichfalls als Gruppenmitglied die Verantwortung nicht der Gruppe zu, sondern sieht sich als mitverantwortlich.

Deshalb will er bei Entscheidungen ein angemessenes Stimmrecht haben. Um diesen Grundforderungen gerecht zu werden, finden Verfahren und Regeln zur Entscheidungsfindung bei den Amerikanern große Beachtung. Oft wird dabei sogar nicht nur nach dem Mehrheitsprinzip gehandelt, sondern die Findung eines gemeinsamen Konsens angestrebt. Die Bedeutung, die demokratischen Prozeduren und Abstimmungsverfahren zugeschrieben wird, zeigt sich auch darin, dass sie bereits in den Schulen eingeübt werden.

Erläuterungen zu c):
Der Erfolg einer Party hängt – insbesondere für Amerikaner (denken Sie daran, was unter dem Stichwort »Gelassenheit« erwähnt wurde) – weniger von formellen oder organisatorischen Dingen als von dem Unterhaltungswert ab, den eine Party bietet. Mit der gewählten Antwort kann also das genaue Vorgehen nicht erklärt werden.

Erläuterungen zu d):
Mit dieser Antwort haben Sie entweder das Gelernte voreilig generalisiert oder sich von alten Vorurteilen leiten lassen. Die Amerikaner wollen hier nicht ihr Demokratiebewusstsein herausstreichen, das fraglos stark ausgeprägt ist. Vielmehr zeigt sich in dieser Situation, dass Amerikaner von der Notwendigkeit und Zweckmäßigkeit demokratischer Prinzipien zutiefst überzeugt sind und sogar das alltägliche Handeln danach ausrichten. Die Frage ist, worauf diese Überzeugung beruht, oder mit anderen Worten, was sich die Amerikaner von solchen Prozeduren versprechen. Schauen Sie sich unter diesem Gesichtspunkt die Situation doch noch einmal an.

■ Beispiel 22: Die Autoreparatur

■ Situation

Sylvia und Chris, ihr amerikanischer Mitbewohner, bastelten ziemlich viel zusammen an ihren Autos. Eines Tages stellte Sylvia fest, dass sie die Zündkerzen wechseln müsste. Da sie dies noch nie gemacht hatte und deshalb überhaupt keine Ahnung hatte, wie das ging, fragte sie Chris, ob sie das zusammen erledigen könnten. Sylvia wollte gerne mit Chris einen Zeitpunkt ausmachen, wann sie den Zündkerzenwechsel durchführen könnten, doch es gelang ihr nicht, Chris auf einen bestimmten Tag festzulegen. Sylvia schlug einige Male einen Tag vor, an dem Chris auch meinte, dass es bei ihm wahrscheinlich klappen könnte.

Doch an dem betreffenden Tag war Chris meist gar nicht da oder er hatte doch keine Zeit. Ein paar Tage später trafen sich beide zufällig am Nachmittag vor der Garage und stellten fest, dass jetzt jeder Zeit für die Reparatur hätte. Chris wechselte daraufhin sofort mit Sylvia die Zündkerzen.

Überlegen Sie bitte, warum es nie geklappt haben könnte, mit Chris einen Zeitpunkt zum Zündkerzenwechseln zu vereinbaren!

– Lesen Sie nun die Antwortalternativen nacheinander durch.
– Bestimmen Sie den Erklärungswert jeder Antwortalternative für die gegebene Situation und kreuzen Sie ihn auf der darunter befindlichen Skala an. Es ist möglich, dass mehrere Antwortalternativen den gleichen Erklärungswert besitzen.

▓ Deutungen

a) Chris wollte mit Sylvia keinen Termin vereinbaren, weil er eigentlich keine Lust hatte, die Zündkerzen zu wechseln.

| sehr zutreffend | eher zutreffend | eher nicht zutreffend | nicht zutreffend |

b) Chris hatte viel um die Ohren und wollte sich daher zeitlich nicht festlegen, um sich in seinen Zeitplänen nicht noch mehr als notwendig nach anderen richten zu müssen.

| sehr zutreffend | eher zutreffend | eher nicht zutreffend | nicht zutreffend |

c) Chris liebte es, in den Tag hineinzuleben und nicht alles im Voraus zu planen.

119

sehr   eher   eher nicht   nicht
zutreffend   zutreffend   zutreffend   zutreffend

d) Da in den USA auf Selbstständigkeit großer Wert gelegt wird, dachte Chris, dass Sylvia ruhig erst einmal selber versuchen sollte, die Zündkerzen zu wechseln.

sehr   eher   eher nicht   nicht
zutreffend   zutreffend   zutreffend   zutreffend

■ Bedeutungen

Erläuterungen zu a):
Das kann zwar im Einzelfall durchaus vorkommen, im Allgemeinen gelten jedoch Amerikaner nicht zu Unrecht als sehr hilfsbereit. In diesem Fall gibt es eine allgemein gültigere Erklärung.

Erläuterungen zu b):
Hier haben Sie die bestmögliche Erklärung gewählt. Es wird damit genau das Bedürfnis der Amerikaner nach Unabhängigkeit angesprochen. Amerikaner sind bemüht, soziale Verpflichtungen so gering wie möglich zu halten, um weitgehend frei und nur unter Beachtung der eigenen Ziele und Interessen handeln zu können. Der persönliche Handlungsspielraum soll nicht mehr als notwendig durch Verpflichtungen eingeengt werden. Da bei amerikanischen Studenten dieser Handlungsspielraum aufgrund von Studium, Job und sozialen Engagements meist ohnehin schon stark verplant und eingeschränkt ist, sind sie umso mehr bemüht, sich den verbleibenden Freiraum zu erhalten. Es hat folglich wenig Sinn, wenn man als Deutscher versucht, mit einem Amerikaner eine Sache langfristig zu planen und auf einen festen Termin zu beharren, da dieser die Zusage nie als so verbindlich ansehen wird und sie eventuell eben nicht einhalten wird, wenn ihm der Zeitpunkt nicht mehr so recht ins persönliche Konzept passt. Am besten, man macht erst relativ kurzfristig etwas aus und sichert dies dann kurz vorher noch einmal ab.

Erläuterungen zu c):

Nein, das Verhalten von Chris beruht nicht darauf, dass Amerikaner weniger Wert auf einen Zeitplan legen. Ganz im Gegenteil, bei Amerikanern ist die Zeit oft stark verplant und voll mit Aktivitäten. Das Nicht-einlassen-Wollen auf eine feste Vereinbarung hängt nicht damit zusammen, dass man allgemein am liebsten auf so etwas wie Zeiteinteilung und -planung verzichtet, sondern hat einen anderen Hintergrund. Überlegen Sie, welchen!

Erläuterungen zu d):

Für Amerikaner hat zwar Selbstständigkeit und Unabhängigkeit einen hohen Wert, so dass Amerikaner besonders stolz auf das sind, was sie selbst geleistet und geschafft haben, und der »Jack-of-all-trades«, der erfinderische Bastler und Heimwerker, immer noch Anerkennung erfährt. Dies bedeutet aber keineswegs, dass man seine Mitmenschen durch vorübergehende Hilfsverweigerung zur Selbstständigkeit zu erziehen versucht. Nach Einstellung der Amerikaner ist es Sache des Einzelnen, was er aus sich und seinem Leben macht; man stellt sich nicht mit irgendwelchen erzieherischen Ansprüchen über ihn. Wenn ein Amerikaner sieht, dass jemand Hilfe braucht, ist er in der Regel sofort zur Stelle und wartet meist gar nicht erst darauf, bis der andere explizit um Hilfe bittet.

▓ Kulturelle Verankerung von »Individualismus«

Die in den Situationen präsentierten Verhaltensweisen der Amerikaner waren in erster Linie Ausdruck des Individualismus. Individualismus ist ein recht pauschaler und mehrdeutig interpretierbarer Begriff, daher soll zunächst, ausgehend von den Beispielen, im Überblick kurz dargestellt werden, was dieser Kulturstandard konkret bedeutet.

Wenn hier von der individualistischen Einstellung der Amerikaner gesprochen wird, so bezieht sich diese Behauptung auf die Betonung von Selbstverantwortung, Unabhängigkeit, Selbstvertrauen und Selbstverwirklichung in der amerikanischen Kultur. Amerikaner sind in ihrem Handeln und Denken sehr individuumszentriert. Sie fühlen sich für ihr Schicksal selbst verantwortlich, sie wollen ihre Probleme selber lösen und schieben die Verantwortung nicht auf irgendwelche Institutionen oder externale Faktoren ab. Sie wollen sich bei Entscheidungen nicht Autoritäten wie etwa Tradition, Familie oder Staat beugen, sondern in ihrem Handeln frei und autonom sein. Daher ist es für einen Amerikaner wichtig, selbst in einer Situation, in der er nicht für sich entscheiden kann, die Illusion zu bewahren, dass er selbst die Entscheidung trifft. Hier liegt ein weiterer Grund, warum Macht oder Autorität abgelehnt und stattdessen das Mittel der Überzeugung gefordert wird. Bei Gruppenentscheidungen wird Wert darauf gelegt, dass man seine Meinung äußern und fairen Einfluss auf die endgültigen Entscheidungen ausüben kann. Abstimmungsverfahren werden deshalb zum Beispiel sehr ernst genommen. Auch als Angehöriger einer Gruppe behält ein Amerikaner eine eigene Identität, das heißt er definiert sich weniger über die Gruppenzugehörigkeit, sondern in erster Linie über seine eigenen Leistungen. Die eigenen Interessen sind für das Handeln bestimmend. Die Dinge, die man für sich selbst, seine Persönlichkeit oder sein Wohlergehen und Weiterkommen tut, werden wichtig genommen. Diese Einstellung zeigt sich unter anderem in den unzähligen amerikanischen Wörtern, die mit der Vorsilbe »self« beginnen. Auch als Mitglied einer Gruppe werden die eigenen Interessen verfolgt. Entspricht die Gruppe diesen Interessen nicht mehr, wird ein Amerikaner diese Gruppe eben wieder verlassen, da er sich ihr gegenüber nicht weiter verpflichtet fühlt. Überhaupt wollen Amerikaner soziale Verpflichtungen weitgehendst vermeiden. Sie möchten in ihrem Handeln nicht zu sehr an andere gebunden sein, anderen gegenüber besonders verpflichtet sein. Dieses Vermeiden sozialer Verpflichtungen bedingt beispielsweise, dass man bei Einladungen nicht unbedingt unter dem Druck einer Gegeneinladung steht, dass Geschenke oft anonym übergeben werden, damit sie nicht zu Gegengeschenken verpflichten, oder dass Dankbarkeit nicht in einem solchen Ausmaß gezeigt oder erwartet wird wie bei uns. Diese Einstellung bedeutet jedoch nicht, dass man sich deswegen nicht um die Belange der Mitmenschen kümmert. Wie sich etwa an der ausgeprägten Nachbarschaftshilfe in den USA oder den vielen ehrenamtlichen sozialen Engagements der Amerikaner zeigt, besteht auf freiwilliger Basis eine sehr ausgeprägte Hilfsbereitschaft. Die individualistische Haltung äußert sich ferner darin, dass man sich weniger in die Angelegenheiten der Mitmenschen einmischt, das Handeln anderer nicht hinterfragt oder sich dafür verantwortlich fühlt. Dies gilt auch innerhalb der Familie.

Befürwortung von Individualismus heißt allerdings nicht, wie den Amerikanern oft fälschlicherweise unterstellt wird, Befürwortung einer egozentrischen, rücksichtslosen, nur auf den eigenen Erfolg hin orientierten Einstellung, bei der unter Umständen das eigene Handeln auch mal auf Kosten der Mitmenschen geht. Individualismus meint, dass eine auf Selbstverwirklichung und Selbstfindung ausgerichtete Lebenseinstellung vorliegt. Das heißt, die Lebensziele, die Amerikaner vor Augen haben, sind mehr personenzentriert und selbstbezogen als etwa bei den Deutschen. Der Weg dorthin ist aber sehr wohl von sozialen Fähigkeiten und Einstellungen begleitet.

Die Betonung einer individualistischen Haltung bedeutet darüber hinaus nicht, um ein weiteres Missverständnis auszuräumen, dass man bei den Amerikanern nun auf besondere Individualität oder Verschiedenheit stößt. Ganz im Gegenteil, gerade die Gleichartigkeit und Konformität vieler Amerikaner fällt einem oft ins Auge und lässt das ganze Gerede vom ausgeprägten Individualismus der Amerikaner fragwürdig erscheinen. Zur Aufhebung dieser scheinbaren Widersprüchlichkeit ist folgende Erklärung wichtig: Ein Amerikaner kann zwar für sich frei entscheiden, das heißt er unterliegt nicht irgendwelchen formellen Zwängen, er entscheidet sich aber dabei mehr oder weniger freiwillig, so zu sein wie alle anderen. Diese Orientierung und Anpassung an die Mitmenschen ist deswegen nur bedingt freiwillig, weil eine Abweichung von den üblichen Normen, ein Anderssein, meist in einer Verweigerung sozialer Akzeptanz und sozialer Anerkennung resultiert. Es ist also ein gewisser sozialer Druck oder ein gewisses soziales Bedürfnis, durch die Uniformität und Konformität hervorgerufen werden. Was genauer dahinter steht, wird im nächsten Trainingsabschnitt noch erörtert. Auf alle Fälle kann also Individualismus nicht mit Nonkonformismus oder unabhängiger Gesinnung gleichgesetzt werden. Auch bei diesem Kulturstandard soll der Blick noch kurz auf die Frage nach seinem Ursprung gerichtet werden:

Der Individualismus ist eng mit dem Gleichheitsdenken verbunden. Die historische Entstehung lässt sich ähnlich erklären. Der Faktor »Einwanderung« spielt auch bei der Entwicklung der individualistischen Haltung eine wesentliche Rolle. Nur ein bestimmter Menschenschlag, nämlich die von Mut, Entschlossenheit und Selbstvertrauen gekennzeichneten Menschen waren es, die das Risiko der Immigration auf sich nahmen. Abgesehen davon bedeutete Auswanderung auch einen Bruch mit bisherigen Traditionen, mit sozialen Verpflichtungen und Zwängen. Die Lebensbedingungen in der Pionierzeit haben individuelle Geschicklichkeit, Selbsthilfe und Unabhängigkeit zu einer Lebensnotwendigkeit gemacht. Jeder war auf sich allein gestellt und fühlte sich zugleich nur für sich selbst verantwortlich. Das Siedlerdasein hat die individualistischen Züge verstärkt, da einzelne Familien abgetrennt voneinander lebten und damit jeder ungestört und unbeeinflusst seinen Lebensstil pflegen konnte. Die verbindenden gesellschaftlichen Institutionen wie Kirche, Schule oder Gericht rückten erst später nach, so dass der Einzelne zunächst ohne gesellschaftliche Vorgaben und Strukturierungen entsprechend autonom lebte und keiner sozialen Kontrolle, keinen sozialen Zwängen unterworfen war. Auch die Art des wirtschaftlichen Daseins, die selbstständige landwirtschaftliche Arbeit, bei der Arbeitsteilung, Kooperation und Koordination noch keine Rolle spielten, unterstützten das Gefühl, nur für sich selbst zuständig zu sein. Da sich im Laufe der Geschichte die Lebensbedingungen, die sozialen Strukturen und Arbeitsabläufe durch Faktoren wie Verstädterung, Säkularisierung, Modernisierung oder Industrialisierung verändert haben und damit Zusammenarbeit, Koordination und andere soziale Eigenschaften an Bedeutung gewannen, erfuhr der Individualismus eine Umbewertung, indem die Bedürfnisse der Mitmenschen zunehmend Beachtung fanden. Zudem wurde die individualistische Einstellung von konformistischen Zügen begrenzt; mehr dazu jedoch später.

Themenbereich 7:
»Bedürfnis nach sozialer Anerkennung«

Beispiel 23: Das Thema Todesstrafe

Situation

Auf einer Party sprach Kerstin das Thema Todesstrafe an und begann mit anderen Deutschen und teilweise auch Amerikanern eine heftige Diskussion darüber. Nach einer Weile stand eine amerikanische Freundin plötzlich auf und meinte, sie habe keine Lust, sich mit solchen Diskussionen den Abend verderben zu lassen. Sie fragte Kerstin vorwurfsvoll, warum sie denn immer wieder mit derartigen Themen ankommen müsse. Einige andere Amerikaner brachen ebenfalls das Gespräch ab und sagten, dass sie keine Lust zu einer weiteren Diskussion hätten.

Warum wollten die Amerikaner auf der Party nicht über so ein ernsthaftes Thema diskutieren?

– Lesen Sie nun die Antwortalternativen nacheinander durch.
– Bestimmen Sie den Erklärungswert jeder Antwortalternative für die gegebene Situation und kreuzen Sie ihn auf der darunter befindlichen Skala an. Es ist möglich, dass mehrere Antwortalternativen den gleichen Erklärungswert besitzen.

Deutungen

a) Die amerikanischen Studenten reagierten so ablehnend auf die angeregte Diskussion, weil sie das Diskussionsthema als Angriff auf das US-Justizsystem auffassten.

| sehr
zutreffend | eher
zutreffend | eher nicht
zutreffend | nicht
zutreffend |

b) Die Amerikaner wollten einem solchen brisanten Diskussionsthema ausweichen, um einen Streit zu vermeiden.

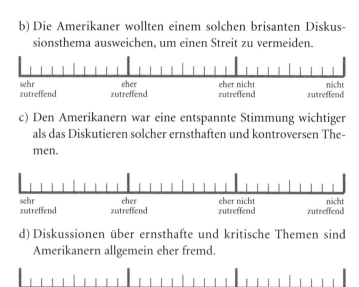

| sehr zutreffend | eher zutreffend | eher nicht zutreffend | nicht zutreffend |

c) Den Amerikanern war eine entspannte Stimmung wichtiger als das Diskutieren solcher ernsthaften und kontroversen Themen.

| sehr zutreffend | eher zutreffend | eher nicht zutreffend | nicht zutreffend |

d) Diskussionen über ernsthafte und kritische Themen sind Amerikanern allgemein eher fremd.

| sehr zutreffend | eher zutreffend | eher nicht zutreffend | nicht zutreffend |

■ Bedeutungen

Erläuterungen zu a):

Wie in einem der ersten Trainingsabschnitte schon angeführt wurde, ist es durchaus richtig, dass man bei der Wahl von Gesprächs- oder Diskussionsthemen den Nationalstolz der Amerikaner beachten sollte. Wenn Kerstin aufgrund ihres früheren Verhaltens bei den Amerikanern als besonders kritisch hinsichtlich des amerikanischen Systems gelten würde, dann wäre es gut möglich, dass diese deshalb schon hinter jeder Äußerung von Kerstin einen weiteren Angriff vermuten und entsprechend verärgert darauf reagieren könnten. Ansonsten besteht jedoch kaum Grund anzunehmen, dass Amerikaner ein solches allgemeines Thema gleich als einen Angriff auf ihr Land auffassen. Damit würde man den Amerikanern eine zu große Sensibilität aufgrund ihres Nationalstolzes zuschreiben. Nicht das spezielle Diskussionsthema an sich war Anlass der Verärgerung, sondern die Ernsthaftigkeit und Kontroversität des Themas.

Erläuterungen zu b):
Diese Antwort geht schon in die richtige Richtung. Die Amerikaner befürchteten zwar nicht gleich den Ausbruch eines Streites, da Streitereien in der Öffentlichkeit eher eine Seltenheit bei den Amerikanern sind, aber sie sahen zumindest die gute Stimmung, auf die sie großen Wert legen, gefährdet. Mit diesem Hinweis ist jetzt vielleicht klar geworden, welcher Beweggrund genau hinter dem Verhalten der Studenten stand.

Erläuterungen zu c):
Mit dieser Antwort haben Sie die treffendste Erklärung gewählt. Für Amerikaner dient eine Party in erster Linie der Geselligkeit und Unterhaltung. Man will sich vergnügen und entspannen, man will neue Leute kennen lernen und soziale Kontakte pflegen, und man will auch sehen, wie man bei anderen ankommt und wie beliebt man ist. Eine Party erfüllt für Amerikaner, so wie jede andere Art sozialer Kontakte auch, unter anderem den Zweck, die für die Selbstachtung benötigten Rückmeldungen der Mitmenschen bezüglich seiner eigenen Persönlichkeit einzuholen und so nach Möglichkeit durch das vermittelte Gefühl der Anerkennung und Akzeptanz das Selbstwertgefühl zu stärken. Unter anderem deshalb liegt bei Partys die Betonung nicht unbedingt auf tiefsinnigen Gesprächen und auf der Auseinandersetzung mit ernsthaften Themen. Ja, oftmals wird sogar bewusst das Ansprechen zu persönlicher und kontroverser Themen vermieden, um die Stimmung nicht zu gefährden. Das Bedürfnis nach sozialer Anerkennung bedingt, dass großer Wert auf eine harmonische und ausgeglichene Atmosphäre gelegt wird, in der man sich gegenseitig bestätigt und Wohlwollen signalisiert und nicht etwa angreift oder kritisiert. Die Anregung zu einer Diskussion über die Todesstrafe führte deshalb bei den Amerikanern nur zu einem Gefühl des Unbehagens und Unwohlseins und stand im Gegensatz zu ihren eigenen Bedürfnissen und Interessen.

Falsch wäre es sicherlich, aus dieser Reaktion zu schließen, dass Amerikaner sich generell nicht mit ernsthaften und kontroversen Themen auseinander setzen. Es gibt bei den Amerikanern nur eben mehr Situationen als bei uns, in denen solche Themen nicht angebracht erscheinen. Man muss folglich genauer beachten, ob

Stimmung und Situation für derartige Themen geeignet sind. Gerade in so einer Situation wie einer Party, in der Amerikaner ganz andere Vorstellungen über die Gestaltung haben, sollte man sich auch mit einer »lighthearted conversation« zufrieden geben können, und nicht mit einer für die Amerikaner typisch deutschen kritisierenden oder problematisierenden Haltung nerven.

Erläuterungen zu d):
Das ist genau die voreilige Schlussfolgerung, die viele Deutsche aufgrund solcher Erlebnisse ziehen. Es gibt sicherlich einige Situationen, in denen Amerikaner eine unter deutscher Sicht oberflächliche Konversation einer tiefer gehenden Diskussion vorziehen, wie beispielsweise auf Partys oder im Zusammensein mit weniger gut bekannten Personen. Dies bedeutet jedoch nicht, dass man sich allgemein nicht mit ernsthaften oder kritischen Themen auseinander setzt, sondern nur, dass Amerikanern manchmal ein anderer Aspekt wichtiger ist. Welcher wohl?

■ Beispiel 24: Die Verabredung

■ Situation

Alexander gefiel ein Mädchen in seinem Kurs recht gut und er fragte sie daher, ob sie mal etwas zusammen unternehmen könnten. Das Mädchen schien den Vorschlag auch zu begrüßen, und so verabredeten sie sich, um demnächst zusammen ins Kino zu gehen. An dem vereinbarten Tag rief das Mädchen eine Stunde vor Filmbeginn bei Alexander an und meinte, dass sie leider nicht ins Kino gehen könne, weil sie so viel zu tun habe. Als Alexander das Mädchen ein paar Tage später wieder sah, fragte er sie gleich, wann sie denn wieder Zeit habe. Sie antwortete, dass sie momentan sehr viel machen müsse. Alexander dachte sich daraufhin, dass das Mädchen wohl überhaupt keine Lust hatte, mit ihm wegzugehen. Er ärgerte sich, dass sie ihm das nicht gleich deutlicher zu verstehen gegeben hatte und er ihr nun noch so blöd hinterher gelaufen war.

Warum hat das Mädchen nicht gleich deutlicher mitgeteilt, dass sie mit Alexander nicht weggehen wollte?

- Lesen Sie nun die Antwortalternativen nacheinander durch.
- Bestimmen Sie den Erklärungswert jeder Antwortalternative für die gegebene Situation und kreuzen Sie ihn auf der darunter befindlichen Skala an. Es ist möglich, dass mehrere Antwortalternativen den gleichen Erklärungswert besitzen.

■ Deutungen

a) Das Mädchen war zu feige, um Alexander direkt und ehrlich eine Absage zu erteilen.

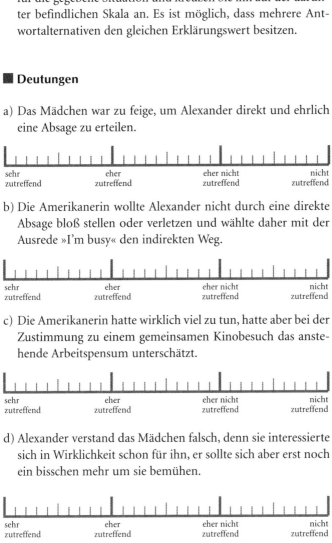

sehr   eher   eher nicht   nicht
zutreffend   zutreffend   zutreffend   zutreffend

b) Die Amerikanerin wollte Alexander nicht durch eine direkte Absage bloß stellen oder verletzen und wählte daher mit der Ausrede »I'm busy« den indirekten Weg.

sehr   eher   eher nicht   nicht
zutreffend   zutreffend   zutreffend   zutreffend

c) Die Amerikanerin hatte wirklich viel zu tun, hatte aber bei der Zustimmung zu einem gemeinsamen Kinobesuch das anstehende Arbeitspensum unterschätzt.

sehr   eher   eher nicht   nicht
zutreffend   zutreffend   zutreffend   zutreffend

d) Alexander verstand das Mädchen falsch, denn sie interessierte sich in Wirklichkeit schon für ihn, er sollte sich aber erst noch ein bisschen mehr um sie bemühen.

sehr   eher   eher nicht   nicht
zutreffend   zutreffend   zutreffend   zutreffend

■ Bedeutungen

Erläuterungen zu a):

Dies könnte man natürlich berechtigterweise vermuten, wenn man nicht weiß, dass ein ganz bestimmter allgemeiner Kulturstandard das Verhalten der Amerikanerin beeinflusste und zu solchen Umgangsweisen führte. Überlegen Sie, welches kulturtypische Merkmal hier dahinter stehen könnte.

Erläuterungen zu b):

Richtig, das ist das entscheidendste Motiv für das Verhalten der Amerikanerin. Amerikaner sind sehr darum bemüht, ihre Mitmenschen nicht zu verletzen oder zu verunsichern, sondern sie nach Möglichkeit in positiver Hinsicht zu bestätigen. Auf diesem Hintergrund haben sich Redewendungen für eine mehr indirekte Mitteilung von Ablehnungen oder Absagen herausgebildet. Ein Beispiel hierfür ist die viel gebrauchte Ausrede »I'm busy!«. In der Mehrzahl der Fälle, das heißt vor allem dann, wenn nicht zugleich erwähnt wird, dass sich dieses Beschäftigtsein nur auf eine bestimmte Zeit erstreckt, bedeutet dies »Ich habe keine Lust!«. Ein Amerikaner hätte also gleich bei der ersten Absage der Amerikanerin vermutet, dass sie kein besonderes Interesse daran hat, mit ihm auszugehen. Je nach Persönlichkeit hätte er entweder die Angelegenheit aufgegeben oder es noch einmal versucht, allerdings mit dem Bewusstsein, dass seine Chancen nicht unbedingt sehr groß sind. Diese Indirektheit wird allgemein akzeptiert, weil eine offene und ehrliche Absage als unhöflich und verletzend empfunden werden würde. Es haben sich nicht nur solche indirekten Redewendungen für Absagen herausgebildet, deren eigentliche Bedeutung jedem bekannt ist, sondern daneben in vielen Fällen ein bestimmtes Kommunikationsverhalten ergeben, das es dem Partner leichter macht, Unangenehmes oder Negatives nicht direkt anführen zu müssen. So fragt man in den USA, wenn man mit jemanden ausgehen möchte, nicht »Hast Du Lust, mit mir ins Kino zu gehen?« oder ähnliches, sondern »Was machst Du am Wochenende?«. Wenn man kein Interesse an einem Kontakt hat, kann so der Gefragte vorgeben, dass er schon anderweitig beschäftigt ist, und damit die Sache beenden, ohne dass der andere eine direkte Abfuhr erhalten hat. Wenn er interessiert ist und daher äußert, noch nichts Besonderes geplant zu haben, dann kann mehr oder weniger »gefahrlos« die Frage gestellt werden »Hast Du Lust, mit mir ins Kino zu gehen?«.

Erläuterungen zu c):
Das ist durchaus möglich, da amerikanische Studenten sehr viel für das Studium tun müssen. Weil man das ja bekanntlich nicht immer wahrhaben will, wird der Arbeitsaufwand bisweilen unterschätzt. Wenn dies allerdings wirklich der entscheidende Grund für die Absage wäre, dann ist es doch eigenartig, dass die Amerikanerin nicht einen anderen Zeitpunkt in Aussicht stellte oder zumindest äußerte, dass sie sich melden würde, wenn sie wieder mehr Zeit hätte. Da muss also doch noch etwas anderes dahinter stehen!

Erläuterungen zu d):
Nein, das trifft hier nicht zu. Sicherlich gibt es auch unter Amerikanern gewisse Hinhaltetaktiken, um abzutesten, wie wichtig und begehrenswert man für den anderen ist, aber man würde dabei eindeutiger zu verstehen geben, dass man ja eigentlich schon an dem anderen interessiert ist.

▨ Beispiel 25: Das neue Outfit

▨ Situation

Als Susan ihren Mitbewohnerinnen ihren neu erstandenen Pullover zeigte, reagierten alle Amerikanerinnen mit überschwänglicher Begeisterung und äußerten, wie wundervoll dieser sei, wie hervorragend er Susan stehen würde und wie gerne sie auch so einen hätten. Antje sagte lediglich, dass er ihr ganz gut gefallen würde. Daraufhin meinte eine amerikanische Mitbewohnerin zu Antje, dass sie ruhig auch mal mehr Freude oder Begeisterung zeigen könnte.

Aus welchem Grund machte die Amerikanerin Antje diesen Vorwurf?

– Lesen Sie nun die Antwortalternativen nacheinander durch.
– Bestimmen Sie den Erklärungswert jeder Antwortalternative für die gegebene Situation und kreuzen Sie ihn auf der darunter befindlichen Skala an. Es ist möglich, dass mehrere Antwortalternativen den gleichen Erklärungswert besitzen.

▇ Deutungen

a) Die Mitbewohnerinnen hatten allgemein das Gefühl, dass sich Antje nicht richtig in ihrer Wohngemeinschaft integrierte, was für Amerikaner jedoch wichtig ist, und reagierten folglich bei dieser Gelegenheit gleich so vorwurfsvoll.

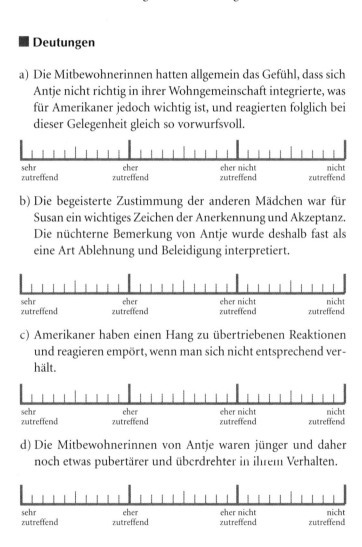

sehr   eher   eher nicht   nicht
zutreffend   zutreffend   zutreffend   zutreffend

b) Die begeisterte Zustimmung der anderen Mädchen war für Susan ein wichtiges Zeichen der Anerkennung und Akzeptanz. Die nüchterne Bemerkung von Antje wurde deshalb fast als eine Art Ablehnung und Beleidigung interpretiert.

sehr   eher   eher nicht   nicht
zutreffend   zutreffend   zutreffend   zutreffend

c) Amerikaner haben einen Hang zu übertriebenen Reaktionen und reagieren empört, wenn man sich nicht entsprechend verhält.

sehr   eher   eher nicht   nicht
zutreffend   zutreffend   zutreffend   zutreffend

d) Die Mitbewohnerinnen von Antje waren jünger und daher noch etwas pubertärer und überdrehter in ihrem Verhalten.

sehr   eher   eher nicht   nicht
zutreffend   zutreffend   zutreffend   zutreffend

■ Bedeutungen

Erläuterungen zu a):
Diese Antwort trifft nicht den wahren Sachverhalt. Wohngemeinschaften in Amerika können, wie bei uns in Deutschland,
sowohl als Familienersatz als auch als mehr oder weniger zweck-
bedingtes Nebeneinanderwohnen eingestuft werden. Es kann
nicht allgemein behauptet werden, dass amerikanische Studenten besonderen Wert auf ein ausgeprägtes Zusammengehörig-
keitsgefühl der WG-Mitglieder und engen Kontakt untereinander legen. Ein Unterschied wird allerdings von vielen ehemaligen deutschen Austauschstudenten genannt. Während bei uns
ein neuer, potenzieller WG-Bewohner von den anderen Bewoh-
nern oft genau »begutachtet« wird, bevor eine gemeinsame Entscheidung über sein Einziehen gefällt wird, machen Amerikaner
meist nicht so eine Prozedur daraus und nehmen nach einer
kurzen Vorstellung den Interessenten auf. Dies hängt damit zusammen, dass Amerikaner relativ gut mit verschiedenen Menschen auskommen können, da sie sich auf eher peripheren Per-
sönlichkeitsebenen begegnen und sich nicht in wirklich entscheidende Persönlichkeitsbereiche einmischen, so dass zum
Beispiel bedeutsame Einstellungsunterschiede und damit ein-
hergehende Konflikte kaum auftauchen. Hauptsache, der andere macht einen ganz freundlichen Eindruck; welche konkreten
Ansichten oder Einstellungen er hat, wird für ein Zusammen-
wohnen nicht als besonders wesentlich erachtet. Auch deshalb
nicht, weil die Wohnung nicht als ein so persönlicher Bereich
empfunden wird, in dem wirklich nur »Auserwählte« aufgenommen werden. Einen derart ausgeprägten Sinn für Privatle-
ben oder räumliche Intimsphäre wie die Deutschen, die sich
entsprechend oft mit Hecken, Zäunen oder Mauern von der Au-
ßenwelt abschirmen, haben die Amerikaner nicht.

Erläuterungen zu b):
Sie haben damit genau den Kern der Sache getroffen. Amerikaner
brauchen für ihr Selbstbewusstsein und für ihre Selbsteinschätzung viel stärker die Rückmeldungen der Mitmenschen. Für ihr
Selbstwertgefühl ist es ganz entscheidend, bei anderen gut anzu-

kommen und beliebt zu sein. Daher werden die Reaktionen der Mitmenschen viel mehr beachtet und viel wichtiger genommen als bei uns. Außerdem ist man mehr darum bemüht, seinen Mitmenschen Komplimente zu machen oder ihnen gegenüber bei passender Gelegenheit Anerkennung auszudrücken, weil man weiß, wie wichtig das ebenso für einen selber ist. Zugleich ist man bezüglich Kritik oder negativen Anmerkungen gegenüber dem anderen vorsichtiger, weil damit gleich viel stärker das Selbstvertrauen angegriffen wird.

Dabei muss allerdings folgender Unterschied beachtet werden: Bei Leistungsrückmeldungen ist man schon sehr direkt und offen, weil diese Rückmeldungen ja ganz wichtige Motivationsquellen sind, nur in ehrlicher Form hilfreich sind und man relativ klare und objektive Beurteilungsmaßstäbe hat. Ebenso spricht man auch offen Konflikte, Probleme oder Meinungsverschiedenheiten an, wenn es um elementare, die weitere Zusammenarbeit oder das Zusammenleben störende Belange geht. Bei weniger sachbezogenen, mehr persönlichen und weniger entscheidenden Aspekten, wie etwa Geschmacksfragen, wird man dagegen nicht gleich seine wahre Meinung zum Ausdruck bringen, wenn sie in eine eher negative Richtung geht, da dies sowieso Anschauungssache ist und nur zur Verunsicherung des anderen beiträgt. Abgesehen vom inhaltlichen Aspekt hängt es natürlich auch von der Beziehung der betreffenden Menschen zueinander und von der Situation ab, wie weit Ehrlichkeit vor Freundlichkeit geht.

Erläuterungen zu c):

Mit dieser Antwort wird zu sehr das deutsche Bezugssystem als Maßstab angelegt. Für uns mag das Verhalten der Amerikaner vielfach übertrieben erscheinen, für sie ist es aber nicht überzeichnet, da ein anderer Maßstab zugrunde liegt, der unter anderem von dem Bedürfnis nach Anerkennung bestimmt ist.

Wenn Amerikaner empört auf Deutsche reagieren, dann deshalb, weil die Deutschen ihnen oft zu direkt und zu kritisch begegnen, ohne die persönliche Betroffenheit des Kommunikationspartners zu berücksichtigen, zu wenig positive Rückmeldungen bringen und sie damit verunsichern.

Erläuterungen zu d):

Der eigentliche Grund für das Verhalten der Amerikaner hat nichts mit dem Alter zu tun. Vermutlich kam aber der hier zugrunde liegende kulturelle Unterschied in diesem Fall noch deutlicher zum Vorschein, weil sich gleichaltrige deutsche und amerikanische Studenten bisweilen in ihrer Lebenseinstellung, ihrer Umgangsweise und ihren Interessen unterscheiden. Es fällt vielen deutschen Austauschstudenten auf, dass bei den amerikanischen Studenten ein deutlicher Unterschied zwischen »Undergraduates« und »Graduates« besteht. Undergraduate-Studenten gleichen Alters verfolgen wie deutsche Studenten häufig noch ganz andere Interessen und legen andere Verhaltensweisen an den Tag. Das Bedürfnis, sich auszuleben, sich zu amüsieren und sich zu vergnügen, ist beispielsweise oftmals stärker ausgeprägt, und so treiben sie von einer Party und einer Aktion zur nächsten, schließen sich »fraternities« und »sororities« (so genannten »Burschen- und Schwesternschaften«) an, die einerseits familiären Halt und andererseits Unterhaltung versprechen, und sind mit zwischengeschlechtlichen Kontaktaufnahmen beschäftigt. Hier können manche deutsche Studenten, die mit einem ausgeprägten Wunsch nach ernsthaften Diskussionen und Gesprächen auf einen Undergraduate-Studenten stoßen, enttäuscht werden. Andererseits haben gerade die Undergraduate-Studenten noch mehr Freizeit, so dass man bei ihnen leichter Anschluss finden kann als bei den zwar meist etwas ernsthafteren, aber sehr studiumsorientierten Graduate-Studenten.

▩ Beispiel 26: Einladung zu Besinnungstagen

▩ Situation

Uwe besuchte einen Gottesdienst der katholischen Hochschulgemeinde, weil er schon einige Mitglieder von einem gemeinsamen Skiausflug her kannte. Als er nach dem Gottesdienst aus der Kirche trat, kam eine Schwester auf ihn zu und fragte ihn, ob er Lust hätte, zwei Wochen später auf Besinnungstage mitzufahren. Da Uwe kein Interesse daran hatte, lehnte er das Angebot höflich mit einem »Nein, danke!« ab. Uwe hatte daraufhin den Eindruck, dass sich die Schwester durch seine Antwort völlig vor den Kopf gestoßen fühlte und er irgendwie einen Fehler begangen hatte.

Aus welchem Grund war Ihrer Ansicht nach die Schwester von Uwes Antwort so irritiert?

- Lesen Sie nun die Antwortalternativen nacheinander durch.
- Bestimmen Sie den Erklärungswert jeder Antwortalternative für die gegebene Situation und kreuzen Sie ihn auf der darunter befindlichen Skala an. Es ist möglich, dass mehrere Antwortalternativen den gleichen Erklärungswert besitzen.

■ Deutungen

a) Für die Schwester war so eine direkte und unbegründete Ablehnung sehr überraschend und auch etwas verletzend.

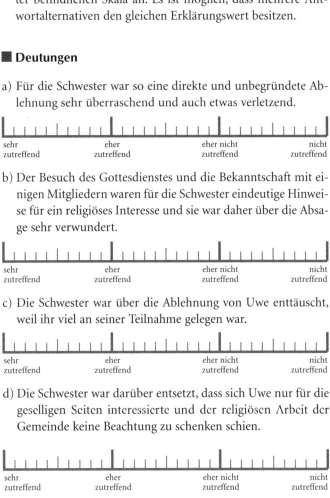

| sehr
zutreffend | eher
zutreffend | eher nicht
zutreffend | nicht
zutreffend |

b) Der Besuch des Gottesdienstes und die Bekanntschaft mit einigen Mitgliedern waren für die Schwester eindeutige Hinweise für ein religiöses Interesse und sie war daher über die Absage sehr verwundert.

| sehr
zutreffend | eher
zutreffend | eher nicht
zutreffend | nicht
zutreffend |

c) Die Schwester war über die Ablehnung von Uwe enttäuscht, weil ihr viel an seiner Teilnahme gelegen war.

| sehr
zutreffend | eher
zutreffend | eher nicht
zutreffend | nicht
zutreffend |

d) Die Schwester war darüber entsetzt, dass sich Uwe nur für die geselligen Seiten interessierte und der religiösen Arbeit der Gemeinde keine Beachtung zu schenken schien.

| sehr
zutreffend | eher
zutreffend | eher nicht
zutreffend | nicht
zutreffend |

▓ Bedeutungen

Erläuterungen zu a):

Mit dieser Antwort lässt sich die Reaktion der Schwester am besten erklären. Da die Selbstachtung und das Selbstvertrauen der Amerikaner entscheidend von der Bewunderung und Anerkennung der Mitmenschen abhängt, reagieren sie auch entsprechend empfindlich auf jede Art von Zurückweisung. Amerikaner sind deshalb in der Regel sehr darum bemüht, sich gegenseitig durch eine freundliche Umgangsweise und den dazugehörenden Freundschaftsbekundungen das Gefühl sozialer Akzeptanz und Beliebtheit zu vermitteln. Ein Amerikaner würde folglich nie direkt eine Absage erteilen, sondern auf einen Vorschlag erst einmal positiv reagieren und dann indirekt über eine Ausrede wie »Oh sorry, but I'm busy!« absagen oder unverbindlich mit einem »I will see!« antworten. Die direkte Art von Uwe musste für die Schwester erstaunend und »rude« erscheinen und persönliche Betroffenheit auslösen, da sie nicht dem gewohnten Kommunikationsverhalten entsprach.

Erläuterungen zu b):

Einige Amerikaner halten diesen Aspekt auch für wichtig, obwohl damit das Verhalten der Schwester nicht ausreichend erklärt wird. Religion spielt in den USA eine größere Rolle als bei uns, wobei eine enorme Vielfalt religiöser Gemeinschaften und eine große Toleranz gegenüber diesen unterschiedlichen Glaubensbekenntnissen zu finden ist. Auch die Jugend Amerikas ist stärker von einer religiösen Einstellung geprägt als die deutsche Jugend. Junge Amerikaner vertreten, häufiger als Deutsche, die Anschauung, dass Religion im Leben eine wichtige Rolle spielen sollte. Egal, welche genaue Glaubensrichtung zugrunde liegt, an Gott wird jedenfalls in der Mehrzahl geglaubt. Eventuell haben deshalb auch die christlichen Hochschulgemeinden in den USA eine größere Bedeutung als bei uns und werden als Möglichkeit, sozialen Anschluss zu finden, mehr angenommen und konsequenter besucht.

Erläuterungen zu c):

So wie die Reaktion der Schwester geschildert wird, scheint sie offensichtlich nicht in erster Linie enttäuscht, sondern über Uwes

Antwort verwundert gewesen zu sein. Diese Antwort trifft insofern also weniger den eigentlichen Beweggrund.

Erläuterungen zu d):
Mit dieser Antwort lässt sich das Verhalten der Schwester nicht erklären. Gerade Amerikaner, die großen Wert auf Geselligkeit und sozialen Anschluss legen, werden kaum so stark zwischen religiösen und sozialen Motiven trennen. Glaube und sozialer Kontakt werden mehr miteinander verbunden. Die lebendigere und weniger starre Ausrichtung der Gottesdienste ist sicherlich ein Anzeichen dafür.

■ Beispiel 27: Die Hausarbeit

■ Situation

Zu Beginn des Semesters fragte Sebastian, da er sich in Englisch noch nicht so sicher fühlte, ein paar amerikanische Mitstudenten, ob es ihnen etwas ausmachen würde, wenn sie seine Artikel, Hausarbeiten oder Referate, die er für den Kurs anfertigen musste, durchsehen würden. Die angesprochenen Studenten erwiderten, dass sie das natürlich machen würden. Eine Woche später musste Sebastian schon seine erste Arbeit schreiben und er bat daher die Studenten, nun seine zweiseitige Arbeit durchzusehen. Einige antworteten auf seine Bitte, dass sie zurzeit so viele andere Verpflichtungen hätten und ob er nicht jemanden anderen finden könne. Andere meinten, sie würden die Arbeit gern mitnehmen, wüssten aber nicht, ob sie diese Woche noch zum Durchlesen kämen. Für Sebastian waren das alles nur Ausreden, und er war ziemlich enttäuscht darüber. Schließlich fragte er seine Vermieterin um Hilfe, die das Durchlesen bereitwillig übernahm.

Wie erklären Sie sich, dass die Mitstudenten erst ihre Hilfe zugesagt, dann aber ihr Versprechen nicht eingehalten haben?

– Lesen Sie nun die Antwortalternativen nacheinander durch.
– Bestimmen Sie den Erklärungswert jeder Antwortalternative für die gegebene Situation und kreuzen Sie ihn auf der darun-

ter befindlichen Skala an. Es ist möglich, dass mehrere Antwortalternativen den gleichen Erklärungswert besitzen.

▪ Deutungen

a) Das Konkurrenzdenken war schließlich doch stärker als die hilfsbereite Einstellung.

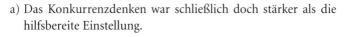

| sehr zutreffend | eher zutreffend | eher nicht zutreffend | nicht zutreffend |

b) Da an amerikanischen Universitäten Studenten vorwiegend für sich arbeiten, dachten die Studenten nicht, dass Sebastian tatsächlich eines Tages ihre Hilfe in Anspruch nehmen würde.

| sehr zutreffend | eher zutreffend | eher nicht zutreffend | nicht zutreffend |

c) Da die Amerikaner nicht unhöflich und unfreundlich erscheinen wollten, sagten sie Sebastian ihre Hilfe zu, ohne es jedoch wirklich ernst gemeint zu haben.

| sehr zutreffend | eher zutreffend | eher nicht zutreffend | nicht zutreffend |

d) Die amerikanischen Studenten hatten ihre Zusage in guter Absicht geäußert, sahen ihr Versprechen dann aber nicht als so verpflichtend an, als sie selber nicht mehr so viel Zeit oder Lust hatten.

| sehr zutreffend | eher zutreffend | eher nicht zutreffend | nicht zutreffend |

▪ Bedeutungen

Erläuterungen zu a):
Es wurde zwar bereits erörtert, dass unter Amerikanern die Wettbewerbshaltung stärker ausgeprägt ist und auch mehr Befürwor-

tung erfährt als bei uns, aber zugleich betont, dass das allgemeine Verhalten nicht allein davon bestimmt wird. So sind amerikanische Studenten zwar in Prüfungssituationen selbst oft sehr wettbewerbsorientiert, aber ansonsten ist der Umgang der Studenten untereinander von Hilfsbereitschaft und Teamfähigkeit gekennzeichnet. In einer Situation wie der vorliegenden würde auch ein amerikanischer Student im Mitstudenten nicht gleich einen potenziellen Konkurrenten sehen. Hinzu kommt, dass Amerikaner im Allgemeinen gegenüber Ausländern, zumindest sofern sie europäischer Herkunft sind, sehr zuvorkommend und hilfsbereit sind. Eine andere Deutung ist zutreffender.

Erläuterungen zu b):
Wie schon erwähnt wurde, verhalten sich die Studenten auch an amerikanischen Universitäten, obwohl gerade an den besseren Universitäten der Konkurrenzdruck härter sein dürfte als bei uns, nicht als rivalisierende Einzelkämpfer, sondern kennen, abgesehen von Prüfungssituationen, sehr wohl Gruppenarbeit und gegenseitige Unterstützung. Die Gedanken, die Sie den Studenten mit dieser Antwort untergeschoben haben, sind unberechtigt.

Erläuterungen zu c):
Bei dieser Antwortwahl hat möglicherweise das alte Vorurteil von einer gewissen Falschheit der Amerikaner hineingespielt. Wie bereits betont wurde, gilt unter Amerikanern Ehrlichkeit um jeden Preis nicht als Tugend. Man ist nicht bedingungslos ehrlich. Aber nicht aus Heuchelei, wie Sie hier vermuten, sondern aus freundlicher Absicht, indem man signalisieren will, dass man dem anderen eher wohl als übel gesonnen ist. Diese Freundlichkeit geht dabei nicht so weit, dass man etwas zusagt oder äußert, was man bewusst als den eigentlichen Interessen oder Einstellungen entgegenstehend empfindet. Sie führt eben nur dazu, dass man nicht so vorsichtig ist mit Versprechungen und dass man nicht jedes Mal gewissenhaft überlegt, ob man seine Zusagen wirklich einhalten wird oder kann.

Erläuterungen zu d):
Richtig, die Amerikaner haben Sebastian ihre Hilfe zugesagt, weil sie wirklich freundlich, hilfsbereit und zuvorkommend ihm ge-

genüber sein wollten. Sie wollten mit ihrem Versprechen sowohl Freundlichkeit signalisieren und ihm damit das Gefühl sozialer Anerkennung vermitteln als auch sich selbst von einer positiven Seite darstellen. In diesem Bemühen wird dann oft die eigene Bereitschaft, die Freundlichkeit wirklich in die Tat umzusetzen, überschätzt. Amerikaner untereinander nehmen daher solche Versprechungen nicht so ernst und sehen sie in erster Linie als Ausdruck von Höflichkeit an, die nicht unbedingt auch entsprechende Verhaltenskonsequenzen nach sich ziehen muss. Deutsche mit einem anderen Erfahrungshintergrund unterliegen dagegen der Gefahr, sie als wörtlich und verbindlich anzusehen und sind folglich oft enttäuscht, was dann leider wiederum meist zu einer Bestärkung bestehender Vorurteile führt. Auf den Punkt gebracht sind es eigentlich zwei Aspekte, die zu dem geschilderten Verhalten führten. Einerseits das Bedürfnis nach Anerkennung, das bedingt, dass man vieles aus bloßer freundlicher Gesinnung heraus unüberlegt zusagt, und auf der anderen Seite der Individualismus, der impliziert, dass man soziale Verpflichtungen weitgehend vermeidet und in erster Linie seinen eigenen Interessen nachgeht.

◼ Beispiel 28: Die hilfreiche Bedienung

◼ Situation

Annette hatte in der Stadt eine neue Boutique entdeckt und wollte sich nun dort einfach mal umschauen. Als sie durch den Laden schlenderte, stand sofort ein Verkäufer hinter ihr und fragte sie, ob er ihr helfen könne. Sie erklärte, dass sie sich erst ein bisschen umsehen wolle. Trotzdem schlich der Verkäufer ständig um sie herum, und Annette hatte das Gefühl, dass sie sich die Sachen gar nicht so richtig anschauen konnte. Nach ein paar Minuten fragte er sie erneut, ob er helfen könne.

Wieso ließ der Verkäufer Annette nicht erst mal in Ruhe das Angebot betrachten?

– Lesen Sie nun die Antwortalternativen nacheinander durch.

– Bestimmen Sie den Erklärungswert jeder Antwortalternative für die gegebene Situation und kreuzen Sie ihn auf der darunter befindlichen Skala an. Es ist möglich, dass mehrere Antwortalternativen den gleichen Erklärungswert besitzen.

◼ Deutungen

a) Da die Boutique gerade erst eröffnet hatte, wollte sich der Verkäufer noch besonders um die Kunden bemühen und wirkte dabei etwas aufdringlich.

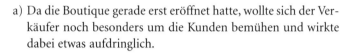

| sehr zutreffend | eher zutreffend | eher nicht zutreffend | nicht zutreffend |

b) Die besseren Geschäfte in den USA wollen nicht mit Selbstbedienungsläden gleichgesetzt werden.

| sehr zutreffend | eher zutreffend | eher nicht zutreffend | nicht zutreffend |

c) Der Verkäufer wollte aus Angst vor Diebstählen die Kundin nicht aus den Augen lassen.

| sehr zutreffend | eher zutreffend | eher nicht zutreffend | nicht zutreffend |

d) Das Verhalten des Verkäufers entsprach dem Bemühen um den Kunden, welches in den USA sehr wichtig genommen und von den Kunden auch erwartet wird.

| sehr zutreffend | eher zutreffend | eher nicht zutreffend | nicht zutreffend |

◼ Bedeutungen

Erläuterungen zu a):
Es ist durchaus plausibel, dass das Bemühen um Kunden auf-

grund einer Neueröffnung und dem damit einhergehenden Interesse am Aufbau eines neuen Kundenstammes noch besonders ausgeprägt ist. Allerdings ist dieses Bemühen nicht allein mit der speziellen Situation zu erklären, sondern allgemein bezeichnend für das Verhalten von Amerikanern im Dienstleistungsbereich. Sie müssen also nach einer anderen Antwort suchen.

Erläuterungen zu b):
Sicherlich trifft es auch auf amerikanische Verhältnisse zu, dass die Art und der Umfang der Bedienung vom Status des Geschäftes abhängt und dass in einer exklusiven Boutique ein anderes Verhalten vom Kunden erwartet wird als in einem Supermarkt; aber das ist hier nicht der entscheidende Grund für das Verhalten des Verkäufers.

Erläuterungen zu c):
Diese Erklärung hört sich zwar plausibel an, trifft aber nicht das zentrale Handlungsmotiv. Hier sind es nicht vorrangig spezielle Umstände, die das Verhalten bestimmen, sondern eine allgemeine, kulturspezifische Eigenschaft.

Erläuterungen zu d):
Das ist die treffendste Antwort. Für Amerikaner spielen die Reaktionen der Mitmenschen eine wichtige Rolle für das Selbstwertgefühl. Da Zeichen des Bemühens, der Freundschaft und der Anerkennung entsprechend bedeutsam für das Selbstbewusstsein sind, ist man auch im Geschäftsleben sehr darauf bedacht, durch ein freundliches und zuvorkommendes Verhalten die Kunden zufrieden zu stellen und damit für sich zu gewinnen. Kundenservice wird in den USA sehr groß geschrieben und allgemein erwartet. Das Motto »Der Kunde ist König« wird in Amerika, im Gegensatz zu Deutschland, in der Regel streng befolgt. Für viele Deutsche, die oft an eine mürrische und unfreundliche oder gar gnädige Bedienung gewöhnt sind, können so die alltäglichen Erledigungen zu einer angenehmen und sogar unterhaltsamen Angelegenheit werden. Diese Freundlichkeit kann aber unter Umständen auch als nervend und aufdringlich empfunden werden. Hinzu kommt, dass in den USA in der Re-

gel nach Umsatz bezahlt wird, um das angemessene Bemühen um den Kunden seitens des Personals sicherzustellen. Das heißt, es ist natürlich nicht immer nur Freiwilligkeit und innere Motivation, die die Angestellten so freundlich sein lässt.

■ Beispiel 29: Der Discobesuch

■ Situation

Klaus, Wolfgang und Don wollten in die Disco gehen. In Amerika muss man, wenn man abends eine Bar oder Diskothek besucht, über 21 Jahre alt sein und sich entsprechend ausweisen können. Klaus war zwar über 21 Jahre, hatte aber versehentlich nur seinen deutschen Personalausweis dabei. Der Türsteher konnte diesen nicht lesen und wollte daher die drei nicht hinein lassen. Wolfgang regte sich darüber sehr auf und schimpfte auf den Türsteher ein. Don stand verlegen dabei und meinte schließlich zu Wolfgang, »It's okay. Leave him alone!«. Wolfgang konnte gar nicht verstehen, warum Don ihn so bremste, wo er doch auch unbedingt in die Disco wollte.

Welche Begründung würden Sie für das Verhalten von Don wählen?

– Lesen Sie nun die Antwortalternativen nacheinander durch.
– Bestimmen Sie den Erklärungswert jeder Antwortalternative für die gegebene Situation und kreuzen Sie ihn auf der darunter befindlichen Skala an. Es ist möglich, dass mehrere Antwortalternativen den gleichen Erklärungswert besitzen.

■ Deutungen

a) Don wusste aus Erfahrung, dass der Türsteher nicht gegen die Vorschriften verstoßen würde und hielt daher weitere Versuche für sinnlos.

| sehr | eher | eher nicht | nicht |
| zutreffend | zutreffend | zutreffend | zutreffend |

b) Don wollte sich nicht mit dem Türsteher anlegen, da ihm daran gelegen war, die Diskothek später auch noch besuchen zu können.

| sehr zutreffend | eher zutreffend | eher nicht zutreffend | nicht zutreffend |

c) Don war das Verhalten von Wolfgang peinlich, und er wollte deshalb dem lauten und öffentlichen Beschimpfen des Türstehers ein Ende setzen.

| sehr zutreffend | eher zutreffend | eher nicht zutreffend | nicht zutreffend |

d) Es war Don unangenehm, dass der Türsteher so auf die Vorschriften beharrte und sich damit als Amerikaner nicht von seiner besten Seite gegenüber den Deutschen zeigte.

| sehr zutreffend | eher zutreffend | eher nicht zutreffend | nicht zutreffend |

■ Bedeutungen

Erläuterungen zu a):
Da Amerikaner bisweilen auch stark auf Vorschriften beharren können, liegen Sie mit dieser Erklärung nicht völlig daneben. Allerdings wird zugleich erwähnt, dass Don das Verhalten von Wolfgang unangenehm war, und für dieses Empfinden bietet die gewählte Antwort keine so rechte Begründung. Sehen Sie sich die Situation noch einmal an.

Erläuterungen zu b):
Diese Möglichkeit besteht natürlich. Aber das Verhalten von Don beruhte nicht in erster Linie auf rein persönlichen Motiven, sondern war von allgemeinen Normvorstellungen beeinflusst.

Erläuterungen zu c):
Damit haben Sie den Nagel auf den Kopf getroffen. Während Deutsche gerne um jeden Preis versuchen, ihr Recht durchzusetzen, sind Amerikaner mehr um eine freundliche Atmosphäre be-

müht. Auch hier spielt wieder das Bedürfnis nach sozialer Anerkennung eine Rolle. Da die Rückmeldungen der Mitmenschen ein besonderes Gewicht für die Selbstachtung haben, geht man mit Kritik und Vorwürfen vorsichtiger um. Amerikaner nehmen es sehr übel, wenn sie in aller Öffentlichkeit korrigiert oder zurechtgewiesen werden. Wenn, dann sollte das unter vier Augen stattfinden und etwas behutsam und weniger emotional angegangen werden, damit der andere sich nicht bloßgestellt oder in seiner gesamten Person angegriffen fühlt. Wut, Ärger oder Genervtsein werden daher nicht so offen und spontan gezeigt wie bei uns. Falls Sie auch zum mehr impulsiv und spontan reagierenden Typ gehören, sollten Sie sehr darauf achten, die Amerikaner nicht durch unüberlegte und direkte Angriffe oder Vorwürfe zu verärgern oder zu verletzen.

Erläuterungen zu d):

Hiermit wird ein nicht unbedeutender Aspekt angesprochen, da Amerikanern tatsächlich viel daran gelegen ist, dass sich die Gäste in ihrem Land wohl fühlen, einen positiven Eindruck gewinnen und es und seine Bewohner zu schätzen lernen (siehe auch Stichwort »Patriotismus«). Es steckt aber noch ein anderer, bedeutsamerer Aspekt hinter der Reaktion von Don.

■ Kulturelle Verankerung von »Bedürfnis nach sozialer Anerkennung«

Die Verhaltens- und Reaktionsweisen der Amerikaner in den behandelten Situationen können vorrangig auf das Bedürfnis nach sozialer Anerkennung zurückgeführt werden. Amerikaner richten ihr Handeln und Verhalten oft stark nach den erwarteten Reaktionen ihrer Mitmenschen aus. Diese »other-directedness«, die den individualistischen Bestrebungen der Amerikaner entgegensteht, beruht darauf, dass für Amerikaner die Anerkennung, Zustimmung und Bewunderung der Mitmenschen ganz wesentlich für die Selbstachtung ist. Schon bei der Erörterung des Kulturstandards »Leistungsorientierung« wurde angesprochen, dass Amerikaner sehr die Rückmeldungen anderer beachten und zur

Selbsteinschätzung benötigen. Wie sich nun zeigt, bezieht sich dies nicht nur auf Leistung an sich, sondern auch auf die gesamte Persönlichkeit. Erfolgreich-Sein bedeutet für Amerikaner nicht nur Leistungserfolg, sondern ebenso Erfolg im sozialen Bereich. Popularität, Bewunderung, ansprechende Persönlichkeit sind ganz wichtige und erstrebenswerte Eigenschaften. Diese Einschätzung geht zum Beispiel bei Studenten mit der Betonung der Teilnahme an extracurricularen Aktivitäten, also am sozialen Teil des Campuslebens einher. Mitgliedschaften bei Theatergruppen, Sportgruppen, religiösen Verbindungen, »fraternities« und »sororities« und anderen studentischen Gruppen sind folglich sehr verbreitet.

Das Bedürfnis, von anderen gemocht und geschätzt zu werden, macht es für Amerikaner schwer, Projekte mit »unpopulären« Phasen durchzuführen oder Länder aufzusuchen, in denen sie nicht so beliebt sind. Der Wunsch nach Beliebtheit und Zustimmung lässt Amerikaner Zeichen der Freundschaft besonders wichtig nehmen. Solche Zeichen wie Schulterklopfen, Komplimente, Lächeln, freundliche und persönliche Begrüßung oder Verwendung des Vornamens sind zu einem wichtigen Bestandteil der alltäglichen Umgangsweise geworden, und zwar sowohl unter Bekannten als auch unter mehr oder weniger Fremden. Entsprechend verwirrt oder verunsichert reagieren Amerikaner, wenn diese Symbole ausbleiben oder versagt werden. Das Kundgeben von Freundschaftszeichen hat sich zugleich im Geschäftsleben aus Profitgründen etabliert, da damit die Kunden am besten umworben werden können.

Aufgrund der Bedeutung, die die Reaktionen anderer für das Selbstbild haben, reagieren Amerikaner gegenüber dem Verhalten ihrer Mitmenschen und gegenüber der allgemeinen Stimmung sensibel. Negative Reaktionen oder Stimmungen nehmen sie viel schwerwiegender als etwa Deutsche. Dies führt dazu, dass Wut, Ärger oder Genervtsein kaum offen gezeigt werden. Ein Zurechtweisen in der Öffentlichkeit wird als bloßstellend und verletzend empfunden. Bei Ablehnungen oder Absagen ist oft Indirektheit angesagt.

Dieses Bedürfnis nach sozialer Anerkennung, diese »other-directedness« der Amerikaner ist bezüglich des Ursprungs nicht so einfach und eindeutig zu erklären. Daher sollen hier nur ein paar Vermutungen genannt werden:

Zum einen könnte das Gleichheitsdenken als Ursache angesehen werden. Wenn alle Menschen als gleichrangig und von gleichem Wert angesehen werden und jeder dazu erzogen wird, seiner eigenen Urteils- und Entscheidungsfähigkeit zu vertrauen, kann es eigentlich keine Einzelpersonen oder Gruppen geben, die als Vorbilder oder Meinungsführer akzeptiert werden. Jeder zählt gleich viel und ist mit der gleichen Grundfähigkeit ausgestattet, sein Schicksal zu gestalten. Wieso sollte dann einer plötzlich mehr zu sagen haben? Maßstäbe, die von bestimmten Individuen oder Gruppen gesetzt werden, werden also nicht angenommen, sondern es wird nur der »öffentlichen Meinung«, den Anschauungen der Mehrheit der Mitmenschen, die einem ja alle ähnlich sind, vertraut. Hinzukommt, dass in einer klassenlosen, demokratischen Gesellschaft das Individuum keinen festen sozialen Platz einnimmt. Der soziale Status ist nicht angeboren und vorgegeben, sondern wird erworben und zwar über Leistung, aber auch über die Anerkennung und Akzeptanz der Mitmenschen, deren Urteil über einen somit eine hohe Bedeutung erhält. Außerdem hat das Individuum in einer demokratischen Gesellschaft einen sehr schwachen Einfluss. Als Einzelperson ist man mehr oder weniger machtlos. Erst durch den Zusammenschluss mit anderen zu einer Gruppe, durch das Finden von Gleichgesinnten kann in einer demokratischen Gesellschaft die Verwirklichung und Umsetzung eigener Anschauungen und Interessen realisiert werden.

Eine andere Hypothese geht davon aus, dass es der Gesellschaft Amerikas durch Faktoren wie Einwanderung, Heterogenität der Bevölkerung, ständige Veränderung der Bevölkerungszusammensetzung, raschen technischen und sozialen Wandel an festen Traditionen und stabilen Werten und Normen, die sich im Laufe der geschichtlichen Entwicklung etabliert haben und von Generation zu Generation weitergegeben werden, fehlt und es insofern keine gesicherten Maßstäbe gibt, an denen man sich orientieren kann. Damit erhält der soziale Vergleich zur Bewertung der eigenen Position eine besondere Bedeutung, und es kommt zu einer ausgeprägten Sensibilität gegenüber der Meinung anderer.

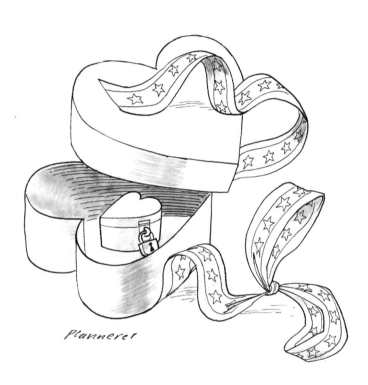

Planneres

■ Themenbereich 8: »Interpersonale Distanz«

■ Beispiel 30: Die Begrüßung

■ Situation

Herbert saß in der Cafeteria, als plötzlich ein Amerikaner auf ihn zukam und ihn sehr freundlich mit Namen begrüßte. Da Herbert dem Amerikaner vorher nur ein paar Mal über einen anderen Freund begegnet war und diese Begegnungen auch schon über einen Monat zurücklagen, war Herbert sehr erstaunt, dass der Amerikaner sich noch an seinen Namen erinnerte. Aus dieser persönlichen Begrüßung schloss er, dass der Amerikaner ein gewisses Interesse für ihn hatte. Er war daher sehr überrascht, als sich der Amerikaner nach einem kurzen, belanglosen Dialog verabschiedete, ohne dabei ein mögliches Wiedersehen anzusprechen.

Wie ist zu erklären, dass der Amerikaner überhaupt erst so freundlich auf Herbert zugekommen war und ihn mit Namen begrüßt hatte, wenn er von ihm scheinbar gar nichts wollte?

– Lesen Sie nun die Antwortalternativen nacheinander durch.
– Bestimmen Sie den Erklärungswert jeder Antwortalternative für die gegebene Situation und kreuzen Sie ihn auf der darunter befindlichen Skala an. Es ist möglich, dass mehrere Antwortalternativen den gleichen Erklärungswert besitzen.

▓ Deutungen

a) Der Amerikaner begrüßte nicht nur Freunde, sondern auch jeden flüchtigen Bekannten, um den Eindruck zu vermitteln, einen großen Bekanntenkreis zu haben.

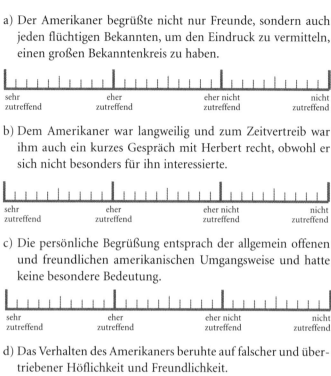

| sehr zutreffend | eher zutreffend | eher nicht zutreffend | nicht zutreffend |

b) Dem Amerikaner war langweilig und zum Zeitvertreib war ihm auch ein kurzes Gespräch mit Herbert recht, obwohl er sich nicht besonders für ihn interessierte.

| sehr zutreffend | eher zutreffend | eher nicht zutreffend | nicht zutreffend |

c) Die persönliche Begrüßung entsprach der allgemein offenen und freundlichen amerikanischen Umgangsweise und hatte keine besondere Bedeutung.

| sehr zutreffend | eher zutreffend | eher nicht zutreffend | nicht zutreffend |

d) Das Verhalten des Amerikaners beruhte auf falscher und übertriebener Höflichkeit und Freundlichkeit.

| sehr zutreffend | eher zutreffend | eher nicht zutreffend | nicht zutreffend |

▓ Bedeutungen

Erläuterungen zu a):

Sicherlich ist für Amerikaner, wie dem vorherigen Abschnitt auch zu entnehmen war, soziale Beliebtheit oder Popularität ganz wichtig. Mit dieser Antwort wird allerdings dem freundlichen Verhalten des Amerikaners zu sehr eine gewisse Berechnung oder Zweckgebundenheit unterstellt, die dem wahren Sachverhalt nicht entspricht. Der Amerikaner verhielt sich nicht so, weil er damit irgendetwas darstellen oder signalisieren wollte, sondern weil es

154

der gewohnten Umgangsweise entsprach. So ist es in den USA durchaus üblich, auch nur flüchtig bekannte Personen zu begrüßen und selbst mit Fremden ein Gespräch anzufangen. Mit dieser Hilfestellung ist jetzt vielleicht klarer, wie das Verhalten des Amerikaners richtig zu interpretieren ist.

Erläuterungen zu b):
Es mag zwar stimmen, dass der Amerikaner nicht so recht wusste, was er bis zu seinem nächsten Termin machen sollte und daher aus Zeitvertreib ein Gespräch mit Herbert anfing. Es muss jedoch noch mehr dahinter stehen, denn es ist doch fraglich, ob ein Deutscher gleich so aufgeschlossen auf einen ihm nur flüchtig bekannten Mitmenschen zugehen würde, bloß weil er für ein paar Minuten nichts so recht anzufangen weiß. Überlegen Sie, welcher tiefer liegende Grund oder, besser gesagt, welcher Unterschied zwischen deutschem und amerikanischem Verhalten hier relevant sein könnte!

Erläuterungen zu c):
Sie haben genau richtig erkannt, dass es sich hier um eine für die amerikanische Kultur spezifische Verhaltensgewohnheit handelt. Amerikaner und Deutsche zeigen bei zwischenmenschlichen Begegnungen unterschiedliche Verhaltensweisen. Während sich die Amerikaner als sehr kontaktfreudig, zugänglich und aufgeschlossen erweisen, scheinen die Deutschen im Vergleich dazu eher zurückhaltend, reserviert, verschlossen und eventuell sogar abweisend. So ist es in den USA durchaus üblich, mit Fremden zum Beispiel an der Bushaltestelle, in der Subway oder beim Einkaufen ein Gespräch anzufangen, ohne dass ein konkreter Anlass bestehen muss und ohne dass das eine besondere Bedeutung hat. Herbert hat das Verhalten des Amerikaners auf der Grundlage der eigenen kulturellen Verhaltensgewohnheiten interpretiert und demzufolge irrtümlicherweise angenommen, dass die freundliche Art des Amerikaners, auf ihn zuzugehen, ein gewisses Interesse an ihm ausdrücken würde, während dies eigentlich nur der allgemeinen amerikanischen Offenheit und Kontaktfreudigkeit entsprach.

Die unterschiedliche Zugänglichkeit von Deutschen und Amerikanern drückt sich auch in den zwei Anredemöglichkeiten

»Sie« und »Du« im Deutschen aus, mit der man zwischen Fremden oder flüchtigen Bekannten und Freunden unterscheidet, während es in der englischen Sprache nur ein »you« gibt. Diese Gleichschaltung aller Beziehungen und der damit verbundene Verzicht auf eine gewisse Distanziertheit bei den Amerikanern wird durch die Verwendung des Vornamens zusätzlich verstärkt. In Deutschland gibt es die distanzsetzende oder distanzhaltende Verwendung des Familiennamens und den Gebrauch des Vornamens als Ausdruck einer persönlicheren Beziehung. Amerikaner hingegen verwenden vom ersten Kontakt an den Vornamen, sowohl in geschäftlichen als auch in privaten Beziehungen.

Erläuterungen zu d):
Eine solche Antwort ist ziemlich voreilig und vorurteilsbehaftet.

Hier wird das Verhalten eines Mitgliedes einer anderen Kultur auf der Grundlage der eigenen kulturellen Sichtweise beurteilt und daher auch missverstanden, statt versucht, das Verhalten aus dem anderen kulturellen Kontext heraus zu verstehen und zu erklären. Denn aus der Perspektive des Amerikaners war das Verhalten sicherlich nicht übertrieben oder gar falsch. Er wollte nicht irgendeine Einstellung vortäuschen, sondern entsprach dem allgemeinen Umgangston. Einem Amerikaner wäre nämlich ein weniger freundliches und distanzierteres Verhalten sogar unhöflich, verletzend oder zumindest irritierend erschienen. Für Herbert dagegen wich das Verhalten des Amerikaners von der von Deutschland her gewohnten, eher verschlossenen Umgangsweise ab, und er wies ihm daher fälschlicherweise eine besondere Bedeutung zu, die ihm aus amerikanischer Sicht gar nicht zukam. Auf der Grundlage dieser Bemerkungen dürfte es Ihnen nun hoffentlich nicht mehr schwer fallen, die richtige Erklärung zu finden.

Beispiel 31: Die Lerngruppe

Situation

Veronika traf sich einige Male mit drei amerikanischen Mitstudenten, um gemeinsam für Prüfungen zu lernen. Innerhalb dieser Lerngruppe und auch in der Vorlesung verstanden sie sich recht gut miteinander. Veronika hätte deshalb erwartet, dass man auch mal so, beispielsweise nach dem Lernen, etwas zusammen unternehmen würde, was aber nie der Fall war. Sobald das jeweilige Lernpensum durchgearbeitet war, ging jeder wieder seinen eigenen Weg.

Warum unternahmen die Studenten der Lerngruppe nicht auch in ihrer Freizeit etwas zusammen?

– Lesen Sie nun die Antwortalternativen nacheinander durch.
– Bestimmen Sie den Erklärungswert jeder Antwortalternative für die gegebene Situation und kreuzen Sie ihn auf der darunter befindlichen Skala an. Es ist möglich, dass mehrere Antwortalternativen den gleichen Erklärungswert besitzen.

Deutungen

a) Die Studenten hatten im Gegensatz zu Veronika als Gaststudentin einen festen Bekanntenkreis und daher kein Interesse an weiteren Kontakten.

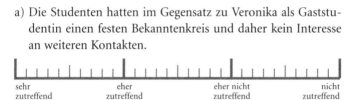

sehr zutreffend   eher zutreffend   eher nicht zutreffend   nicht zutreffend

b) Die Bereiche Studium und Freizeit werden streng voneinander getrennt und entsprechend auch die Beziehungen, die man in diesen Bereichen pflegt.

sehr zutreffend   eher zutreffend   eher nicht zutreffend   nicht zutreffend

c) Die freundschaftlichen Beziehungen innerhalb der Lerngruppe bedeuteten kein tieferes Interesse oder besondere Sympathie, sondern entsprachen der allgemeinen Offenheit.

sehr   eher   eher nicht   nicht
zutreffend   zutreffend   zutreffend   zutreffend

d) Da die Studenten durch Studium und Job schon sehr eingespannt waren, hatten sie keine Zeit für weitere Aktivitäten.

sehr   eher   eher nicht   nicht
zutreffend   zutreffend   zutreffend   zutreffend

▪ Bedeutungen

Erläuterungen zu a):

Diese Antwort ist mit Sicherheit falsch. Sie haben eine Erklärung
gewählt, die mehr der deutschen als der amerikanischen Sichtweise entspricht. Es sind die Deutschen, die sich in der Regel in
einem festen und begrenzten Freundeskreis bewegen, während
die Amerikaner die Pflege weniger, aber dafür sehr dauerhafter
Beziehungen nicht so wichtig nehmen und neuen Bekanntschaften und Freundschaften sehr offen gegenüberstehen. Sie sind
nicht so festgelegt auf ein paar Kontakte, sondern knüpfen be-
ständig neue Beziehungen, geben dafür aber bestehende schnell
auf, falls keine gemeinsame Interessensgrundlage mehr besteht,
die bei den Amerikanern die wesentliche Basis einer Freundschaft ist. Diese Kontaktfreudigkeit und Offenheit gegenüber
neuen Menschen hängt sicherlich auch mit der großen Mobilität
der Amerikaner zusammen, die das Schließen neuer Bekanntschaften und das Zugehen auf Fremde, aber ebenso ein schmerz-
loses Aufgeben von bisherigen Kontakten zu einer Notwendigkeit
macht.

Erläuterungen zu b):

Während sich in Deutschland Freundschaften aufgrund mehr
allgemeiner Aspekte wie etwa Sympathie und Harmonie ergeben,
beruhen die Kontakte der Amerikaner vor allem auf gemeinsamen Interessen und sind deshalb zum einen instabiler und zum
anderen oft nur auf den jeweiligen gemeinsamen Interessensbe-
reich beschränkt. Das heißt, im Extremfall hat ein Amerikaner
einen Tennisfreund, einen Freund fürs Ausgehen, einen Freund,

mit dem er die Football-Leidenschaft teilt, einen Freund am Arbeitsplatz und so weiter. Diese Arten von Beziehungen bedeuten jedoch nicht, dass man Leute, die man übers Studium kennt, nur an der Universität sieht und die Freizeit mit einem anderen Personenkreis verbringt. Kontakte an der Universität führen nicht zwangsläufig zu Kontakten in der Freizeit; genauso wenig schließen sich diese Bereiche aber auch notwendigerweise aus. Es hängt von den Interessen ab, die diesen Beziehungen zugrunde liegen; wenn sich diese gemeinsamen Interessen beispielsweise nur aufs gleiche Studium beziehen, dann ist der Kontakt sicherlich vor allem auf den Studiumsbereich begrenzt.

Wie Sie sich vielleicht noch erinnern können, wurde zudem bereits erwähnt, dass Amerikaner sogar viel weniger stark als Deutsche zwischen dem öffentlichen und dem privaten Bereich trennen, weil sich die Umgangsweisen und Wertvorstellungen, die diese Bereiche prägen, nicht so deutlich unterscheiden wie bei uns.

Erläuterungen zu c):
Mit dieser Antwort haben Sie das Verhalten der Amerikaner am besten erklärt. Ähnlich wie in der vorangegangenen Situation hat die deutsche Studentin hier der allgemeinen Offenheit und Freundlichkeit der Amerikaner eine zu große Bedeutung beigemessen und sich dadurch zu gewissen Erwartungen bezüglich eines weiteren Kontaktes verleiten lassen. Die Nichterfüllung solcher Erwartungen von Seiten der Amerikaner kann Gefühle der Enttäuschung und Verbitterung hervorrufen und zu dem voreiligen Urteil führen, dass alle amerikanischen Beziehungen oberflächlich und ohne Substanz wären. Oft kommt es nach derartigen Erfahrungen auch zum Rückzug von sozialen Kontakten mit Amerikanern. Deshalb ist es ganz wichtig, sich bewusst zu machen, dass Amerikaner allgemein kontaktfreudiger, gegenüber ihren Mitmenschen aufgeschlossener und freundlicher sind und sich auch bei mehr funktionalen Beziehungen, etwa im Studium oder in der Arbeit, weniger distanziert und formell geben. All dies, das Einbringen persönlicher Aspekte, Humor, geringe soziale Distanz, Freundlichkeit und Informalität, bedeutet aber nicht unbedingt, wie viele Deutsche irrtümlicherweise annehmen, dass

die Beziehung für den Amerikaner einen besonderen Wert hat oder von besonderem Interesse ist, sondern entspricht nur der allgemeinen Verhaltensnorm.

Erläuterungen zu d):
Diese Möglichkeit besteht durchaus, da amerikanische Studenten oft durch ihr Studium schon stark in Anspruch genommen werden, in der Regel nebenbei arbeiten und zudem in diversen sozialen Aktivitäten engagiert sind. Es gibt in dieser Situation jedoch einen wichtigeren und für die zwischenmenschlichen Beziehungen in den USA sehr bezeichnenden Aspekt.

◼ Beispiel 32: Party mit Unbekannten

◼ Situation

Manfred war Mitglied des Vereins »Chicago Friends of International Students«, über den sich Austauschstudenten aus allen möglichen Ländern und Amerikaner verschiedenster Altersklassen trafen. Einmal erklärten sich fünfzehn Familien bereit, jeweils eine Party zu veranstalten. Die Besucher der jeweiligen Party wurden dabei ausgelost. Auf diese Weise erhielt Manfred einfach die Adresse einer ihm völlig unbekannten Familie samt Einladung auf ihre Party. Er verbrachte mit sechs anderen, ihm mehr oder weniger unbekannten Personen den Abend. Man unterhielt sich und hat sich dann später nie mehr wieder getroffen. Manfred fand den Abend sehr nett und unterhaltsam, aber er fragte sich, warum die Amerikaner auf die Idee kamen, so eine Art von Treffen zu veranstalten.

Welche Erklärung würden Sie Manfred nennen?

– Lesen Sie nun die Antwortalternativen nacheinander durch.
– Bestimmen Sie den Erklärungswert jeder Antwortalternative für die gegebene Situation und kreuzen Sie ihn auf der darunter befindlichen Skala an. Es ist möglich, dass mehrere Antwortalternativen den gleichen Erklärungswert besitzen.

160

▪ Deutungen

a) Diese Art von Veranstaltung ist Ausdruck der vorwiegend oberflächlichen Beziehungen der Amerikaner zu ihren Mitmenschen.

| sehr zutreffend | eher zutreffend | eher nicht zutreffend | nicht zutreffend |

b) Die Veranstaltung sollte dem Aufbau weiterer Kontakte dienen, was aber an der Initiativlosigkeit und dem Desinteresse der Beteiligten scheiterte.

| sehr zutreffend | eher zutreffend | eher nicht zutreffend | nicht zutreffend |

c) Die Amerikaner genießen Geselligkeit in Form solcher Partys und lernen gerne neue Menschen kennen, ohne dass daraus gleich ein näherer Kontakt entstehen muss.

| sehr zutreffend | eher zutreffend | eher nicht zutreffend | nicht zutreffend |

d) Die Veranstaltung beruhte lediglich auf dem Gedanken, sich als offen und gastfreundlich gegenüber den ausländischen Studenten zu präsentieren und damit ihr Bild von den Amerikanern positiv zu beeinflussen.

| sehr zutreffend | eher zutreffend | eher nicht zutreffend | nicht zutreffend |

▪ Bedeutungen

Erläuterungen zu a):
Die Wahl dieser Antwort zeigt, dass Sie das Verhalten der Amerikaner noch aus der deutschen Perspektive bewerten. Versuchen Sie doch noch mehr, von unseren Erwartungen und Wertvorstellungen wegzukommen und sich in das Denken der Amerikaner einzufühlen.

161

Erläuterungen zu b):

Hier haben Sie die Amerikaner falsch eingeschätzt, vielleicht weil Sie zu sehr von den eigenkulturellen Erfahrungen ausgegangen sind. Amerikaner sind alles andere als desinteressiert gegenüber dem Aufbau neuer Kontakte. Gerade weil sie nicht so stabile und dauerhafte Beziehungen pflegen, da diese oft nur auf gemeinsamen Interessen oder Aktivitäten beruhen, die sich im Laufe der Zeit ändern können, gehen sie offener auf unbekannte Menschen zu. Im Gegensatz zu Deutschen ergreifen Amerikaner viel schneller die Initiative, um neue Kontakte zu knüpfen, ohne gleich einen besonderen Grund oder Anknüpfungspunkt haben zu müssen. Sie haben auch keine Hemmungen, sich von sich aus aktiv darum zu bemühen, in eine Gruppe aufgenommen zu werden. Insofern erscheinen die Deutschen für Amerikaner oft sehr passiv und zurückhaltend, und ihr Verhalten wird dann bisweilen irrtümlicherweise als mangelnde Kontaktfähigkeit, als Desinteresse oder gar als Arroganz interpretiert. Ein wichtiger Tipp ist deshalb, dass man als Deutscher in den USA ruhig von sich aus die Initiative ergreifen sollte, um andere Menschen kennen zu lernen. Amerikaner sind dadurch keineswegs irritiert oder empfinden einen als aufdringlich, meist wird so ein offenes Zugehen freudig begrüßt und mit Entgegenkommen erwidert.

Ein weiterer Trugschluss, dem Sie hier scheinbar unterliegen, betrifft die Annahme, dass sich aus einem ersten, persönlicheren Kontakt gleich ein weiterer Kontakt ergeben muss. Für uns Deutsche ist es oft eigenartig, eine gewisse Zeit mit jemanden zu verbringen und ihm persönliche Dinge zu erzählen, wenn man sich nicht mehr wieder sieht. Diesbezüglich haben Amerikaner jedoch eine andere Einstellung. Wenn Sie sich etwas Zeit nehmen, um über diesen Aspekt nachzudenken, wird Ihnen sicherlich auch die richtige Erklärung einfallen.

Erläuterungen zu c):

Sie haben offensichtlich wirklich verstanden, wie das Kontaktverhalten der Amerikaner aus ihrer Sicht zu interpretieren ist. Wie im Trainingsteil zum Kulturstandard »Bedürfnis nach sozialer Anerkennung« schon angesprochen wurde, haben Amerikaner einen ausgeprägten Wunsch nach Geselligkeit und sozialen Kontakten. Im Gegensatz zu uns, wo man sich meist nur dann näher mit einem Mitmenschen einlässt, wenn man von einer Fortführung des Kontaktes ausgehen kann, sind Amerikaner auch gegenüber den Mitmenschen offen, die sie nicht wiedersehen. In ihrer Zugänglichkeit und Vorliebe für Geselligkeit erzählen sie selbst mehr oder weniger Fremden aus ihrem persönlichen Leben. Genauso unbefangen, wie sie erst Einblick in ihren bisherigen Lebensweg geben, trennen sie sich dann aber wiederum voneinander, um ihren eigenen Weg fortzusetzen. Amerikaner genießen Geselligkeit an sich, für sie ist ein Zusammensein mit anderen Menschen nicht erst dann wertvoll und wichtig, wenn man sich gut kennt oder auf dem Weg zu einer guten Bekanntschaft ist.

Erläuterungen zu d):

Nein, der Anlass für diese Veranstaltung war nicht, sich irgendwie positiv darzustellen, sondern die allgemeine Wertschätzung von Geselligkeit. So gesehen sind derartige Veranstaltungen durchaus an der Tagesordnung. Sie sind Ausdruck für die Einstellung der Amerikaner gegenüber zwischenmenschlichen Begegnungen.

▓ Beispiel 33: Die Freunde aus der Lerngruppe

▓ Situation

Jürgen war im ersten Semester an einer Lerngruppe beteiligt. Die Studenten dieser Lerngruppe verstanden sich untereinander sehr gut und unternahmen daher auch privat viel zusammen. In den Ferien verreiste Jürgen, wodurch der Kontakt zu den Freunden aus der Lerngruppe erst einmal unterbrochen wurde. Da er im nächsten Semester andere Kurse besuchte, traf er nach den Ferien seine früheren Freunde auch an der Universität nicht mehr. Um den Kontakt trotzdem aufrechtzuerhalten, rief Jürgen diese Freunde einige Male an. Zu seiner Enttäuschung kam jedoch trotz dieser Bemühungen nie mehr ein Treffen zustande. Er verstand nicht, warum der Kontakt zwischen den Studenten der ehemaligen Arbeitsgruppe nicht weitergeführt wurde, obwohl sie sich doch so gut miteinander verstanden hatte.

Welche Antwort würden Sie Jürgen geben?

– Lesen Sie nun die Antwortalternativen nacheinander durch.
– Bestimmen Sie den Erklärungswert jeder Antwortalternative für die gegebene Situation und kreuzen Sie ihn auf der darunter befindlichen Skala an. Es ist möglich, dass mehrere Antwortalternativen den gleichen Erklärungswert besitzen.

■ Deutungen

a) Die Beziehung zwischen den Studenten der Arbeitsgruppe beruhte vor allem auf dem gemeinsamen Lernen und war nicht so tief, dass sie darüber hinaus fortgesetzt wurde.

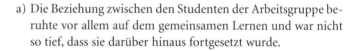

| sehr | eher | eher nicht | nicht |
| zutreffend | zutreffend | zutreffend | zutreffend |

b) Entsprechend dem für amerikanische Beziehungen allgemein kennzeichnenden Motto »Aus den Augen, aus dem Sinn« brach der Kontakt zwischen den amerikanischen Studenten und Jürgen aufgrund seiner Abwesenheit während der Semesterferien ab.

| sehr | eher | eher nicht | nicht |
| zutreffend | zutreffend | zutreffend | zutreffend |

c) Die früheren Freunde von Jürgen standen in diesem Semester durch ihr Studium unter ziemlichem Leistungsdruck und hatten daher keine Zeit mehr für weitere Kontakte.

| sehr | eher | eher nicht | nicht |
| zutreffend | zutreffend | zutreffend | zutreffend |

d) Die Studenten hatten sich gar nicht so gut verstanden, wie Jürgen irrtümlicherweise aufgrund der freundlichen und offenen Umgangsweise angenommen hatte, und waren daher, als die Notwendigkeit des gemeinsamen Lernens nicht mehr bestand, an einem weiteren Kontakt nicht interessiert.

| sehr zutreffend | eher zutreffend | eher nicht zutreffend | nicht zutreffend |

■ Bedeutungen

Erläuterungen zu a):
Diese Antwort erklärt am besten, warum der Kontakt von den Studenten nicht aufrechterhalten wurde. Viele Freundschaften der Amerikaner beruhen nur auf gemeinsamen Interessen oder Aktivitäten. Sie entwickeln sich schneller, da man für eine Freundschaft nicht erst eine lange Phase des gegenseitigen Kennenlernens und ein tiefes Sich-Öffnen braucht, und sind oft nur auf diesen gemeinsamen Interessens- oder Handlungsbereich beschränkt. Fallen diese Gemeinsamkeiten weg, bricht damit häufig der Kontakt ab. Das heißt, die Freundschaften der Amerikaner sind aufgrund der anderen Basis auch nicht so stabil. So gesehen hat das Wort »friend« in Amerika eine ganz andere Bedeutung wie bei uns. Die Bezeichnung »friend« wird nicht nur für mehr oder weniger lebenslange Freunde verwendet, die es bei Amerikanern – wenn auch seltener – ebenso gibt, sondern gleichfalls für eher flüchtige Bekannte. Als Deutscher darf man sich also durch die Bezeichnung »friend« nicht dazu verleiten lassen, von einer Beziehung auszugehen, in der man sich alles anvertraut und die von langfristigem Bestand ist.

Jürgen hat vermutlich aufgrund der häufig gemeinsam verbrachten Freizeit, der Freundschaftsbezeichnungen und des guten Verstehens untereinander angenommen, dass es sich hier um eine Freundschaft im deutschen Sinne handelt, die nicht nur auf einem gemeinsamen Bezugspunkt, dem Lernen, beruht und damit leider die Beziehung anders eingestuft als die Amerikaner.

Erläuterungen zu b):

Einige ehemalige deutsche Austauschstudenten werfen den Amerikanern aufgrund eigener erlebter Enttäuschungen vor, nach dem Motto »Aus den Augen, aus dem Sinn« zu handeln. Dabei begehen sie jedoch den Irrtum, nicht zu erkennen, dass dieser Vorwurf auf einer eigenen Fehlinterpretation der amerikanischen Verhaltensweisen beruht. Sie erkennen nicht, dass sie ausgehend von den eigenkulturellen Verhaltensnormen und Umgangsweisen die allgemeine Zugänglichkeit und Freundlichkeit der Amerikaner fälschlicherweise als Hinweis auf eine intensivere Interaktionsbereitschaft interpretiert haben, die aber von Seiten der Amerikaner damit gar nicht zum Ausdruck gebracht werden sollte. Aufgrund dieser Erfahrung schließen sie, dass Amerikaner allgemein nicht zu stabilen Freundschaften fähig sind. Damit begehen sie den zweiten Irrtum, denn auch unter Amerikanern gibt es unterschiedlich enge Beziehungen. Amerikaner pflegen mehr lockere und weniger dauerhafte Kontakte als die Deutschen, die dagegen lieber wenige, aber dafür sehr enge Freunde haben. Es gibt jedoch ebenso, wenn auch wesentlich seltener, tiefere Freundschaften, die über Distanz hinweg erhalten bleiben. Solche Beziehungen entstehen oft in einem langwierigeren Prozess als bei uns, weil Amerikaner bezüglich zentraler persönlicher Belange im Gegensatz zur ersten Offenheit verschlossener sind und eine tiefe Annäherung daher schwieriger ist. Sie sind auch deswegen nicht so häufig, weil sie nicht als so bedeutsam und notwendig angesehen werden wie bei uns.

Abgesehen davon sind Amerikaner natürlich mehr als Deutsche daran gewöhnt, Kontakte rasch aufzubauen und dann aber wieder relativ schnell aufzugeben, da schon das häufige Umziehen oder das Schulsystem, in dem es durch das Kursprinzip keine festen Klassen gibt, dies zu einer wichtigen Eigenschaft werden lässt.

Erläuterungen zu c):

Dies ist sicherlich ein wichtiger Aspekt, weil amerikanische Studenten ja tatsächlich aufgrund der ständig geforderten Papers oder Tests unter ziemlichem Arbeitsdruck stehen. Gerade als Gaststudent, wo man in der Regel nur einen Teil der Anforderungen erbringen muss, vergisst man diesen Aspekt oft und ist dann enttäuscht, wenn die anderen nicht so viel Zeit haben. Es gibt in

diesem Fall jedoch noch eine treffendere Erklärung. Schauen Sie
sich die Antworten noch einmal an.

Erläuterungen zu d):
Diese Vermutung ist falsch. Zwar ist es für einen Ausländer oft
schwer, aufgrund der allgemeinen Freundlichkeit der Amerikaner zu erkennen, inwiefern man sich wirklich versteht und sich
gegenseitig sympathisch findet; selbst Amerikaner untereinander
haben da manchmal Schwierigkeiten, weil es nicht wie bei uns
eindeutige Hinweise gibt, wie beispielsweise durch die Art der
Anrede. Eine Tatsache wie die häufigen gemeinsamen Unternehmungen außerhalb des Lernens spricht aber zumindest dafür,
dass die Studenten wirklich gut miteinander auskamen, auch
wenn daraus keine Schlüsse über die Dauerhaftigkeit der Beziehung gezogen werden können.

◼ Beispiel 34: Die Gebrauchsanweisung

◼ Situation

Der Gastvater von Heinz und Roland besaß eine Firma, die me-
dizinische Geräte herstellte. Für die Produktion hatte er Maschinen aus Deutschland importiert und erlebte nun große Schwierigkeiten bei der Installation dieser Maschinen, zumal die
Gebrauchsanweisungen nur in Deutsch vorlagen und er kaum
Deutsch konnte. Er erzählte auch Heinz und Roland von diesen
Problemen. Daher wunderten sich die beiden, dass er sie nie fragte, ob sie ihm die deutschen Gebrauchsanweisungen ins Engli-
sche übersetzen könnten.

Aus welchem Grund hat der Gastvater Heinz und Roland
nicht um Hilfe gebeten?

– Lesen Sie nun die Antwortalternativen nacheinander durch.
– Bestimmen Sie den Erklärungswert jeder Antwortalternative
  für die gegebene Situation und kreuzen Sie ihn auf der darunter befindlichen Skala an. Es ist möglich, dass mehrere Antwortalternativen den gleichen Erklärungswert besitzen.

Deutungen

a) Das Einspannen der Gäste und Belästigen mit Problemen lässt sich nicht mit dem Gebot der Gastfreundschaft verbinden.

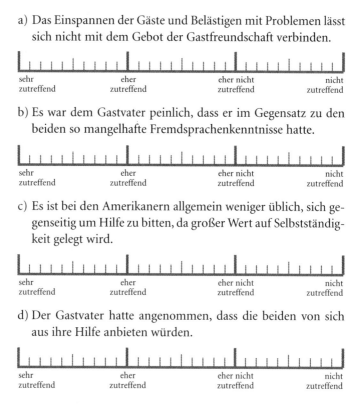

| sehr zutreffend | eher zutreffend | eher nicht zutreffend | nicht zutreffend |

b) Es war dem Gastvater peinlich, dass er im Gegensatz zu den beiden so mangelhafte Fremdsprachenkenntnisse hatte.

| sehr zutreffend | eher zutreffend | eher nicht zutreffend | nicht zutreffend |

c) Es ist bei den Amerikanern allgemein weniger üblich, sich gegenseitig um Hilfe zu bitten, da großer Wert auf Selbstständigkeit gelegt wird.

| sehr zutreffend | eher zutreffend | eher nicht zutreffend | nicht zutreffend |

d) Der Gastvater hatte angenommen, dass die beiden von sich aus ihre Hilfe anbieten würden.

| sehr zutreffend | eher zutreffend | eher nicht zutreffend | nicht zutreffend |

Bedeutungen

Erläuterungen zu a):
Nein, diese Erklärung ist nicht richtig. Zum einen ist fraglich, ob die Beziehung zwischen Gaststudenten und Gastfamilie wirklich einem klassischen Gast-Gastgeber-Verhältnis gleichzusetzen ist. Zweitens hat der Gastvater erfahrungsgemäß bestimmt schon einiges für die beiden getan, so dass eine einmalige Hilfeleistung ihrerseits wohl von niemandem der Kategorie »Einspannen von Gästen« zugeordnet werden würde.

Sicherlich will man in den USA – wie in Deutschland auch – seine Gäste nach Möglichkeit nicht mit persönlichen Problemen

168

belasten. Aber in erster Linie nicht deshalb, weil der Gast eine Art Sonderstatus einnimmt, wie es im Gegensatz zu Amerika bei uns der Fall ist, wo man sich sehr um die Unterhaltung und Bewirtung des Gastes bemüht. Vielmehr beruht eine solche Einstellung bei den Amerikanern auf der allgemeinen Forderung, seine Probleme möglichst alleine zu meistern und andere damit nicht zu belästigen. Im vorliegenden Fall handelt es sich jedoch, und das ist der dritte Einwand gegen die gewählte Antwort, mehr um eine kleine Hilfeleistung oder Gefälligkeit, um die man auch in den USA bedenkenlos bittet, und nicht um das Anvertrauen persönlicher Probleme.

Erläuterungen zu b):
Glauben Sie wirklich, dass es einem Amerikaner, der die Bedeutung von Fremdsprachenkenntnissen in seinem, allein mit der englischen Sprache zu bewältigenden Land oft nicht so nachvollziehen kann und für den allgemein intellektuelle Bildung nicht so einen hohen Stellenwert hat wie bei uns, peinlich sein könnte, wenn er solche Wissensdefizite eingestehen müsste? Schauen Sie sich die Situation noch einmal an und suchen Sie eine andere Erklärung.

Erläuterungen zu c):
Mit dieser Antwort wird zu pauschal von der Wertschätzung einer individualistischen Einstellung ausgegangen. Die Betonung von Selbstständigkeit geht in den USA nicht so weit, dass man um jeden Preis und in jedem Fall um ein »Allein-Zurechtkommen« bemüht ist. Sicherlich versucht man, die entscheidenden Dinge des Lebens allein zu bewältigen, dabei hilft man sich jedoch durchaus gegenseitig bei der Überwindung alltäglicher Hindernisse. Oder wie würden Sie sich sonst die in den USA im Gegensatz zu Deutschland so ausgeprägte Nachbarschaftshilfe erklären? Und um so eine mehr alltägliche Gefälligkeit geht es ja auch im vorliegenden Fall.

Erläuterungen zu d):
Richtig, es trifft in der Tat zu, dass Amerikaner im Einklang mit ihrer Offenheit auch spontan von sich aus ihre Hilfe anbieten. Während man bei uns häufig erst darauf wartet, bis man um

169

Hilfe gebeten wird, weil man nicht aufdringlich erscheinen möchte, steht ein Amerikaner in der Regel sofort mit Rat und Tat zur Seite, wenn er sieht, dass jemand Hilfe brauchen kann. Für den Gastvater erschien daher das Verhalten der Deutschen sicherlich unfreundlich und unhöflich, weil die beiden nicht mit der erwarteten spontanen Zuwendungs- und Hilfsbereitschaft reagierten.

Als Deutscher wird man besonders in der Phase des Einlebens in den USA zu schätzen lernen, dass Hilfe und Zuwendung auch ohne ausdrückliche Aufforderung von den Amerikanern angeboten werden. Gerade deshalb sollte man sich seinerseits um eine ebensolche Haltung bemühen. Heinz und Roland haben sich in der Situation nicht gerade vorbildlich verhalten und bestimmt nicht den besten Eindruck von uns Deutschen hinterlassen.

■ Beispiel 35: Das Beziehungsproblem

▨ Situation

Uli war ziemlich niedergeschlagen, weil er Schwierigkeiten mit seiner Freundin in Deutschland hatte. Als sein amerikanischer Mitbewohner vom Urlaub zurückkam und Uli fragte, wie es ihm ginge, erzählte Uli von seinen Problemen, um seinen Kummer ein bisschen loszuwerden. Doch der Mitbewohner ging gar nicht auf seine Äußerungen ein oder spendete etwas Trost, sondern antwortete gleich nach den ersten Sätzen, dass es schon wieder werden würde, und blockte damit ein weiteres Gespräch völlig ab.

Was mag die Ursache dafür sein, dass sich der Mitbewohner gar nicht richtig auf ein Gespräch mit Uli einlassen wollte?

– Lesen Sie nun die Antwortalternativen nacheinander durch.
– Bestimmen Sie den Erklärungswert jeder Antwortalternative für die gegebene Situation und kreuzen Sie ihn auf der darunter befindlichen Skala an. Es ist möglich, dass mehrere Antwortalternativen den gleichen Erklärungswert besitzen.

170

▪ Deutungen

a) Die Beziehung zwischen Uli und seinem Mitbewohner war nicht so eng und vertraut, dass sich der Amerikaner gleich auf ein Gespräch über so persönliche Probleme einlassen wollte.

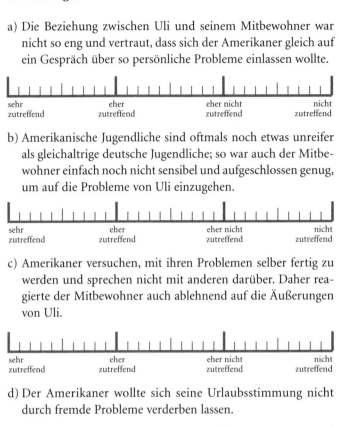

sehr zutreffend   eher zutreffend   eher nicht zutreffend   nicht zutreffend

b) Amerikanische Jugendliche sind oftmals noch etwas unreifer als gleichaltrige deutsche Jugendliche; so war auch der Mitbewohner einfach noch nicht sensibel und aufgeschlossen genug, um auf die Probleme von Uli einzugehen.

sehr zutreffend   eher zutreffend   eher nicht zutreffend   nicht zutreffend

c) Amerikaner versuchen, mit ihren Problemen selber fertig zu werden und sprechen nicht mit anderen darüber. Daher reagierte der Mitbewohner auch ablehnend auf die Äußerungen von Uli.

sehr zutreffend   eher zutreffend   eher nicht zutreffend   nicht zutreffend

d) Der Amerikaner wollte sich seine Urlaubsstimmung nicht durch fremde Probleme verderben lassen.

sehr zutreffend   eher zutreffend   eher nicht zutreffend   nicht zutreffend

▪ Bedeutungen

Erläuterungen zu a):
Ja, das ist die treffendste Erklärung. Im Gegensatz zur ersten Offenheit sind Amerikaner, was wirklich persönliche Gefühle, Einstellungen oder Probleme betrifft, sehr verschlossen. Die zentralen Persönlichkeitsbereiche werden vor den Mitmenschen genauso oder sogar mehr abgeschirmt als bei uns. Daher befürworten

Amerikaner im Allgemeinen eine starke Kontrolle des emotionalen Ausdrucks. Aus diesem Grund bitten Amerikaner auch oft bei wirklichen Schwierigkeiten einen Experten um Rat und Unterstützung und wenden sich seltener an Freunde. Nur mit wirklich guten Freunden, die bei Amerikanern bekanntlich weniger häufig zu finden sind, bespricht man persönliche Probleme oder zeigt ganz offen seine Gefühle.

Dieser Gegensatz zwischen erster Offenheit und späterer Verschlossenheit zeigt sich auch in den amerikanischen Redewendungen. Amerikaner begrüßen selbst jeden flüchtigen Bekannten mit einem »How are you?«, während bei uns oft nur ein Lächeln oder ein Kopfnicken gezeigt werden und es zu keinem direkten verbalen Kontakt kommt. Diese Offenheit geht aber dann nicht weiter, denn »How are you?« ist keineswegs dem deutschen »Wie geht's?« gleichzusetzen. Es wird nicht eine genauere, die eigene Verfassung beschreibende Antwort erwartet, sondern nur die stereotype Erwiderung »Fine, thanks!« oder bei weniger guter Stimmung bestenfalls »It's okay!« akzeptiert, ganz unabhängig davon wie der Betreffende sich wirklich fühlt. Wie es dem anderen tatsächlich geht, will man gar nicht hören; das wäre dann nämlich viel zu persönlich.

Der amerikanische Mitstudent war aus diesen Gründen bestimmt sehr erstaunt, als Uli auf seine Frage gleich mit den persönlichsten Schwierigkeiten ankam, die in einer nicht so engen Beziehung üblicherweise gar nicht angesprochen werden.

Erläuterungen zu b):

Nein, das Verhalten ist nicht altersbedingt! Übrigens, auch wenn gleichaltrige Studenten noch etwas andere Interessen im Sinne des Sich-Auslebens und Sich-Amüsierens haben, so betrifft das vor allem ihr Freizeit- und Gruppenverhalten, bedeutet aber keineswegs, dass sie in einem ernsten Gespräch im kleinen Kreis nicht Aufgeschlossenheit oder Einfühlungsvermögen zeigen würden.

Erläuterungen zu c):

Diese Antwort ist zu pauschal. Amerikaner gehen im Gegensatz zu ihrer ersten Offenheit weniger aus sich heraus, was wirklich persönliche Belange betrifft. Aufgrund der Zugänglichkeit bezüglich peripherer Persönlichkeitsbereiche nimmt man bei den

172

Amerikanern fälschlicherweise oft eine allgemeine Offenheit an und ist dann über ihre Verschlossenheit hinsichtlich zentraler persönlicher Inhalte erstaunt. Während wir Deutschen am Anfang einer zwischenmenschlichen Begegnung eher zurückhaltend sind, findet sich bei Amerikanern erst zu einem späteren Zeitpunkt der Annäherung ein gewisser Widerstand. Das heißt aber nicht, dass Amerikaner mit niemandem über persönlichere Dinge sprechen und sich diesbezüglich völlig abkapseln, sondern dass sie eben nur gegenüber sehr wenigen Personen ganz offen in Bezug auf persönliche Gefühle und Einstellungen sind.

Erläuterungen zu d):
Dies kann natürlich gut möglich sein. Falsch ist diese Antwort allerdings, wenn sie im Sinne eines Vorwurfes gemeint ist, also wenn damit implizit dem Amerikaner Desinteresse, vorgetäuschtes Interesse, Egoismus oder etwas in dieser Richtung vorgehalten wird. Denn die Frage »How are you?«, mit der der amerikanische Mitbewohner Uli begrüßte, bedeutet in Amerika keineswegs, wie Uli scheinbar irrtümlich angenommen hat, eine Aufforderung zur Offenbarung persönlicher Gefühle oder Probleme, sondern ist wirklich nur eine Begrüßungsfloskel wie »Hallo!«. Insofern hat der Amerikaner also gar nicht signalisiert, dass er sich im Moment für Ulis Situation interessiert oder zu einem Gespräch mit ihm aufgelegt ist. Aus amerikanischer Sicht lag das Fehlverhalten wohl eher bei Uli, da er unaufgefordert mit seinen Problemen ankam und dann nicht erwarten kann, dass der Ansprechpartner wirklich gerade zu einer Unterhaltung Zeit oder Lust hat. Doch die beste Erklärung betrifft einen ganz anderen Aspekt, nach dem Sie noch suchen sollten.

◼ Beispiel 36: Abgelehnte Hilfe

◼ Situation

Während seines USA-Aufenthaltes hatte sich Felix mit Sara, einer Amerikanerin, angefreundet, und sie hatten auch schon viel gemeinsam unternommen. Eines Tages entnahm Felix den Äußerungen von Saras Bekannten und aus Saras Niedergeschlagenheit, dass sie sich Sorgen um ihre Schwester machte, weil diese in irgendwelche Drogengeschichten verwickelt war. Felix dachte, dass Sara ihm auch Näheres darüber erzählen würde, da sie sich ja ganz gut kannten. Er nahm an, dass ein Gespräch mit ihm für sie eine Entlastung oder Hilfe sein könnte. Doch auf sein Nachfragen ging Sara überhaupt nicht ein, sondern wehrte ein Gespräch über dieses Thema völlig ab. Es war ihr sichtlich unangenehm, darüber zu sprechen.

Wie würden Sie sich erklären, dass Sara Felix nichts von den Problemen mit ihrer Schwester erzählen wollte, obwohl sie sich doch ganz gut kannten?

– Lesen Sie nun die Antwortalternativen nacheinander durch.
– Bestimmen Sie den Erklärungswert jeder Antwortalternative für die gegebene Situation und kreuzen Sie ihn auf der darunter befindlichen Skala an. Es ist möglich, dass mehrere Antwortalternativen den gleichen Erklärungswert besitzen.

■ Deutungen

a) Amerikaner wollen ihre Probleme möglichst selber lösen oder gehen im Extremfall zu einem Fachmann und belästigen nicht ihre Freunde damit.

| sehr
zutreffend | eher
zutreffend | eher nicht
zutreffend | nicht
zutreffend |

b) Das Thema Drogen ist in den USA allgemein tabu und Sara vermied daher ein Gespräch darüber.

| sehr
zutreffend | eher
zutreffend | eher nicht
zutreffend | nicht
zutreffend |

c) Für Amerikaner ist es sehr wichtig, sich nach außen hin immer fröhlich und optimistisch-unbeschwert zu geben.

| sehr zutreffend | eher zutreffend | eher nicht zutreffend | nicht zutreffend |

d) Sara sah ihre Freundschaft mit Felix nicht als so eng an, um mit ihm auch über so persönliche Probleme zu sprechen.

| sehr zutreffend | eher zutreffend | eher nicht zutreffend | nicht zutreffend |

■ Bedeutungen

Erläuterungen zu a):
Diese Erklärung trifft noch nicht den gesamten Hintergrund. Es ist richtig, dass Amerikaner zurückhaltender sind, was das Ansprechen persönlicher Probleme anbelangt, da das Gefühl, dafür selbst verantwortlich zu sein und damit allein zurechtkommen zu müssen, stärker ausgeprägt ist und zudem eine positive, optimistische Lebenseinstellung generell mehr gefordert ist. Da es insofern für Amerikaner schwieriger ist, ganz aus sich herauszugehen, spricht man nur mit sehr wenigen, wirklich guten Freunden im kleinen Kreise über persönliche Angelegenheiten. Mit diesem Hinweis finden Sie jetzt bestimmt die richtige Antwort.

Erläuterungen zu b):
Mit dieser Vermutung liegen Sie falsch! Gerade unter den amerikanischen Jugendlichen besteht ein relativ lockerer Umgang mit Drogen. Als Deutscher wird man oft nach seinen Drogenerfahrungen gefragt und trifft dann auf Erstaunen, wenn man solche verneint. Auch in der Öffentlichkeit wird das Thema aufgrund der allgemeinen Drogenprobleme offen diskutiert. So gesehen ist wohl nicht anzunehmen, dass Sara das Gespräch deshalb abblockte, weil es inhaltlich um die Drogenproblematik ging.

Erläuterungen zu c):
So pauschal lässt sich die Antwort nicht formulieren. Amerikaner sind zwar sehr darauf bedacht, eine positive Grundeinstellung zu signalisieren und empfinden öffentliches Klagen und Jammern als unangemessen, doch diese Einstellung bestimmt nicht generell das Verhalten gegenüber allen Menschen. Was Fremde und

175

allgemeine Bekannte anbelangt, ist es in Amerika üblich, nicht gleich seine innerste Verfassung nach außen zu kehren und eine schlechte Stimmung herauszulassen, aber unter guten Freunden werden durchaus, wenn auch unter stärkerer Beachtung der momentanen Atmosphäre oder Situation, problematische oder negative Inhalte angesprochen.

Erläuterungen zu d):
Mit dieser Antwort wird das Verhalten von Sara am besten erklärt. Die erste Offenheit und Zugänglichkeit der Amerikaner bedeutet nicht, dass sie ebenso unbefangen über ganz persönliche Probleme sprechen. Bei sehr persönlichen Angelegenheiten sind Amerikaner mindestens ebenso verschlossen wie Deutsche.

Felix hatte vermutlich aufgrund der zunächst sehr offenen Umgangsweise angenommen, die Beziehung zwischen ihm und Sara sei schon so eng, dass auch über intimere Gefühle oder Gedanken gesprochen werden würde. Für Sara ergab sich jedoch aus der anfänglichen Aufgeschlossenheit und dem häufigen Kontakt nicht schrittweise automatisch so ein Vertrauensverhältnis, dass sie Felix auch Einblick in ihren innersten Persönlichkeitsbereich gewähren wollte.

▓ Kulturelle Verankerung von »Interpersonale Distanz«

In den vorangegangenen Situationen war der Kulturstandard »Interpersonale Distanz« handlungswirksam, der sich bei Amerikanern durch folgende zwei Merkmale charakterisieren lässt: Zugänglichkeit bezüglich peripherer Persönlichkeitsbereiche und Verschlossenheit bezüglich zentraler Persönlichkeitsbereiche. Im Einzelnen bedeutet dies, dass Amerikaner hinsichtlich mehr oberflächlicher Persönlichkeitsregionen sehr empfänglich sind. Sie gehen freundlich und offen auf ihre Mitmenschen zu, beginnen auch ohne konkreten Anlass und selbst mit Fremden eine Unterhaltung und erzählen ganz freimütig und unbefangen von ihrer Arbeit, ihrer Familie, ihrem Lebenslauf, ihren Interessen und anderem mehr. Sie sind kontaktfreudig, lieben Geselligkeit, und das nicht

176

nur im Rahmen vertrauter Menschen, sind gastfreundlich und zeigen spontane Zuwendungs- und Hilfsbereitschaft. Das Verhalten der Amerikaner ist leger und informell und weniger von dem Bedürfnis nach Zurückgezogenheit, nach Abschirmung der Privatsphäre gekennzeichnet als bei den Deutschen.

Die intimeren, zentraleren Persönlichkcitsrcgionen sind bei den Amerikanern hingegen mindestens genauso abgeschlossen und schwer zugänglich wie bei uns Deutschen. So sind Amerikaner in ihrem emotionalen Ausdruck sehr kontrolliert sowie in der Mitteilung bedeutsamer persönlicher Gefühle, Einstellungen und Probleme sehr zurückhaltend. Sie wollen sich gegenseitig nicht mit persönlichen Schwierigkeiten belasten und gehen im Zweifelsfall, wenn es an engen, vertrauensvollen Freunden für eine Aussprache fehlt, lieber zum Fachmann.

Diese erste schnelle Annäherung und spätere Distanziertheit prägt auch die Art der freundschaftlichen Beziehungen der Amerikaner. Amerikaner schließen schnell freundschaftliche Kontakte, aber aus diesen entwickeln sich dann keineswegs unbedingt enge und dauerhafte Freundschaften. Die offene und warme Umgangsweise führt nicht schrittweise zu einer tiefen, vertrauensvollen Beziehung, sondern endet oft an einem bestimmten Punkt, so dass sich Amerikaner selbst nach längerer Zeit des Kennenlernens leicht auf Wiedersehen sagen können. Das Wort »friend« hat demzufolge in den USA eine ganz andere Bedeutung als bei uns und bezieht sich nicht auf enge, stabile Freundschaften, sondern ebenso auf kurzlebige Bekanntschaften. Der Aufbau einer echten Freundschaft erfordert in Amerika mindestens genauso viel Zeit und Bemühungen wie bei uns und wird zudem nicht unbedingt als so wichtig angesehen.

Der Unterschied zwischen Amerikanern und Deutschen liegt demzufolge nicht darin, dass Amerikaner allgemein offener und zugänglicher sind, sondern dass sich eine Barriere in der interpersonalen Annäherung zu verschiedenen Zeitpunkten bemerkbar macht. Deutsche erschweren zu Beginn des Kennenlernens die Kontaktaufnahme und verhalten sich zunächst eher verschlossen und abweisend. Wurden diese Anfangsschwierigkeiten überwunden und eine gewisse Vertrauensbasis erreicht, geht damit mehr oder weniger automatisch ein schrittweises Sich-Öffnen hinsichtlich persönlicherer Bereiche einher. Amerikaner dagegen zeigen anfangs eine große Offenheit und Aufgeschlossenheit, dafür stößt man aber nach einer Weile des Kennenlernens im Bemühen um einen engeren, tieferen Kontakt auf eine deutliche, nicht so leicht überwindbare Barriere, die den persönlichsten Bereich abschirmt.

Diese Verschiedenheit bedingt, dass Deutschen in den USA ein anfängliches Zurechtfinden und Einleben wegen der spontanen Zuwendung und Hilfe von Seiten der Amerikaner relativ leicht fällt. Dafür besteht jedoch die Gefahr, dass aufgrund der ersten Zugänglichkeit der Amerikaner von einer weiteren Annäherung ausgegangen wird und eine dauerhafte, intensive Interaktionsbereitschaft erwartet wird, die man dann im Laufe des Aufenthaltes nicht erfüllt sieht. Diese Enttäuschung der Erwartungen führt häufig zum Aufbau oder zur Bestätigung des Vorurteils, dass Amerikaner nur zu oberflächlichen Beziehungen fähig seien. Als Deutscher muss man also lernen, dass die offene und herzliche Art der Amerikaner nach einem kurzen Kennenlernen nicht gleich Zugang zu persönlicheren Belangen bedeutet sowie kein Hinweis auf einen stabileren, engeren Kontakt ist und dass sich wirkliche Freundschaften im deutschen Sinne in den USA nicht so schnell entwickeln.

■ Themenbereich 9: »Zwischengeschlechtliche Beziehungsmuster«

■ Beispiel 37: Der Theaterbesuch

■ Situation

Steven, ein amerikanischer Mitstudent, fragte Beate, ob sie Lust auf einen gemeinsamen Theaterbesuch hätte. Da Beate den Amerikaner ganz sympathisch fand, stimmte sie dem Vorschlag zu und er besorgte daraufhin zwei Theaterkarten. Als Beate Steven das Geld für ihre Karte geben wollte, lehnte er ab und meinte, dass sie ihn ja zu einer anderen Gelegenheit einladen könnte, was Beate dann auch in Ordnung fand. Am Tag der Theateraufführung holte Steven Beate ab und fuhr sie anschließend wieder heim, da es Winter war und sie selbst kein Auto besaß. Sie verabredeten sich dann später einige Male an der Universität, um zusammen zum Mittagessen zu gehen. Eines Tages beschlossen sie, dass sie auch einmal zusammen zum Tanzen gehen könnten. Als Steven sie nach der Diskothek wieder heimfuhr und sie sich von ihm vor ihrer Wohnung verabschieden wollte, merkte Beate an seinen Annäherungsversuchen, dass er sich nun schon mehr von der Beziehung erwartete. Es kostete Beate einige Mühe, um ihm klarzumachen, dass sie eine andere Ansicht über die Enge ihrer Beziehung hatte und sich mit ihm nicht näher einlassen wollte. Sie fragte sich, warum Steven eine ganz andere Vorstellung von der Art ihrer Beziehung gewonnen und entsprechende Erwartungen an sie geknüpft hatte.

Welche Erklärung haben Sie dafür?

– Lesen Sie nun die Antwortalternativen nacheinander durch.
– Bestimmen Sie den Erklärungswert jeder Antwortalternative für die gegebene Situation und kreuzen Sie ihn auf der darun-

ter befindlichen Skala an. Es ist möglich, dass mehrere Antwortalternativen den gleichen Erklärungswert besitzen.

■ Deutungen

a) Steven war irrtümlicherweise davon ausgegangen, dass sich deutsche Frauen genauso schnell auf eine intime Beziehung einlassen wie amerikanische Frauen.

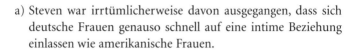

| sehr | eher | eher nicht | nicht |
| zutreffend | zutreffend | zutreffend | zutreffend |

b) Nachdem Beate alle seine Einladungen angenommen hatte, nahm Steven an, dass sie sich auf eine intimere Beziehung einlassen würde.

| sehr | eher | eher nicht | nicht |
| zutreffend | zutreffend | zutreffend | zutreffend |

c) Die direkte Art von Steven kommt bei amerikanischen Frauen normalerweise gut an.

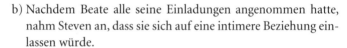

| sehr | eher | eher nicht | nicht |
| zutreffend | zutreffend | zutreffend | zutreffend |

d) Steven handelte nach dem verbreiteten amerikanischen Vorurteil, europäische Frauen seien »loose girls«.

| sehr | eher | eher nicht | nicht |
| zutreffend | zutreffend | zutreffend | zutreffend |

■ Bedeutungen

Erläuterungen zu a):
Mit der Annahme liegen Sie völlig falsch. Bezüglich sexueller Offenheit besteht kaum ein allgemein gültiger Unterschied zwischen deutschen und amerikanischen Frauen. Ebenso wie bei uns werden je nach Region und sozialer Gruppe unterschiedliche

182

Einstellungen vertreten. Allerdings ist in den USA eine größere Gegensätzlichkeit der vertretenen Ansichten auffallend. Es gibt einerseits Amerikaner, die sich bezüglich sexueller Belange sehr offen geben, andererseits sehr konservativ eingestellte und aus deutscher Sicht prüde Amerikaner. Während sich bei uns die Einstellungen eher in einer gemäßigten Mitte bewegen, kann man also bei Amerikanern öfters auf Extrempositionen stoßen. Auf alle Fälle gilt aber, dass genauso wenig wie von deutschen Frauen generell behauptet werden kann, sie würden sich schnell auf intime Kontakte einlassen, dies von amerikanischen Frauen angenommen werden kann.

Allgemein ist noch anzumerken, dass sich selbst in Amerika, trotz so genannter sexueller Revolution und Frauenbewegung, nichts Wesentliches an der traditionellen Rollenerwartung hinsichtlich des Bereiches Sexualität und zwischengeschlechtlichem Verhalten geändert hat. Das heißt, auch in den USA übernimmt der Mann weiterhin den aktiven Part, während die Frau eher als sexuell zurückhaltend und mehr von romantischen als von sexuellen Bedürfnissen bestimmt gesehen wird. Es wird zwar nicht mehr gerade erwartet, dass eine Frau bis zur Heirat Jungfrau bleiben sollte, aber es gibt nur eine sehr feine Grenze in der Einstufung einer Frau als sexuell aktiv und als promiskuitiv, während dem Mann ein viel größerer sexueller Freiraum zugestanden wird.

Erläuterungen zu b):
Hiermit haben Sie genau die richtige Erklärung gefunden. Bei den Amerikanern findet nicht so ein allmähliches, undefiniertes, je nach Situation und Beteiligten unterschiedlich gestaltetes, gegenseitiges Kennenlernen statt, das dann eventuell in einer festen Beziehung endet, sondern die zwischengeschlechtliche Kontaktaufnahme verläuft von Anfang an in bestimmten formalisierten und festen Bahnen. Die Amerikaner haben dafür auch einen eigenen Begriff, sie sprechen von »dating«. Ein »date« ist nicht einfach eine Verabredung in unserem Sinne, sondern hat für Amerikaner schon einen besonderen Stellenwert. Da mit einem »date« gewisse Erwartungen über die Ernsthaftigkeit weiterer Absichten verbunden sind, lässt man sich nicht so spontan und unüberlegt auf ein »date« ein. Gerade wenn ein Mädchen oder

eine Frau nicht nur einmal die Einladung eines Mannes annimmt, sieht sich dieser oft zu bestimmten sexuellen Erwartungen beziehungsweise Forderungen an seine »dating«-Partnerin berechtigt.

Erläuterungen zu c):
Nein, der Draufgängertyp ist unter amerikanischen Frauen nicht mehr oder weniger beliebt wie unter deutschen Frauen. Ebenso wie bei uns hat der Mann in sexueller Hinsicht zwar vorwiegend immer noch die Rolle des Initiators und Eroberers inne, das heißt aber keineswegs, dass die Frauen eine plumpe und direkte »Anmache« befürworten.

Erläuterungen zu d):
Nein, ein derartiges Vorurteil über Europäerinnen gibt es nicht! Sie müssen sich eine andere Antwort überlegen.

◼ Beispiel 38: Die abgelehnte Einladung

◼ Situation

Ingo arbeitete neben seinem Studium an der universitätsinternen Radiostation mit. Da er am Anfang seines Amerikaaufenthaltes noch nicht so viele Leute kannte, fragte er ein paar Mal eines der Mädchen, mit denen er in der Arbeit zusammenkam, ob sie Lust hätte, am Abend mit ihm wegzugehen. Doch er erhielt auf seinen Vorschlag immer nur ausweichende Antworten. Entweder äußerten sie, dass sie keine Zeit hätten, oder meinten, mit ihm allein nicht so gerne weggehen zu wollen.

Aus welchem Grund reagierten die Amerikanerinnen so zurückhaltend auf Ingos Frage?

– Lesen Sie nun die Antwortalternativen nacheinander durch.
– Bestimmen Sie den Erklärungswert jeder Antwortalternative für die gegebene Situation und kreuzen Sie ihn auf der darunter befindlichen Skala an. Es ist möglich, dass mehrere Antwortalternativen den gleichen Erklärungswert besitzen.

■ Deutungen

a) Ingo hatte nicht die Ausstrahlung und das Aussehen, um so schnell bei Mädchen anzukommen.

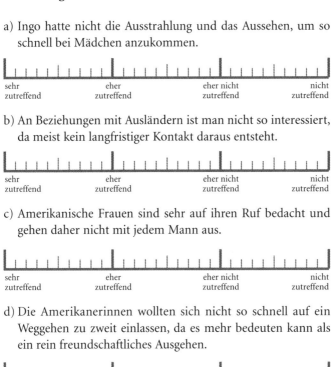

| sehr zutreffend | eher zutreffend | eher nicht zutreffend | nicht zutreffend |

b) An Beziehungen mit Ausländern ist man nicht so interessiert, da meist kein langfristiger Kontakt daraus entsteht.

| sehr zutreffend | eher zutreffend | eher nicht zutreffend | nicht zutreffend |

c) Amerikanische Frauen sind sehr auf ihren Ruf bedacht und gehen daher nicht mit jedem Mann aus.

| sehr zutreffend | eher zutreffend | eher nicht zutreffend | nicht zutreffend |

d) Die Amerikanerinnen wollten sich nicht so schnell auf ein Weggehen zu zweit einlassen, da es mehr bedeuten kann als ein rein freundschaftliches Ausgehen.

| sehr zutreffend | eher zutreffend | eher nicht zutreffend | nicht zutreffend |

■ Bedeutungen

Erläuterungen zu a):
Gerade wenn man sich nicht bewusst ist, dass das Verhalten des fremdkulturellen Interaktionspartners auch von kulturspezifischen Vorstellungen und Erwartungen bestimmt wird, neigt man bisweilen dazu, das Verhalten auf die Persönlichkeit zurückzuführen und so eventuell bei sich selbst den Fehler zu suchen und sich abzuwerten. Bevor man in so einer Situation gleich seine eigene Attraktivität anzweifelt, ist es sinnvoller, zuerst zu überlegen, ob nicht ein kulturbedingter Verhaltensunterschied eine Rolle gespielt haben könnte. Genau diesen sollen auch Sie identifizieren,

185

denn es liegt tatsächlich nicht unbedingt an der Person Ingos, dass er kein Mädchen für einen gemeinsamen Abend gewinnen konnte.

Erläuterungen zu b):

Das Verhalten der Amerikanerinnen beruhte nicht in erster Linie darauf, dass Ingo ein Ausländer war, sondern dass er ein Mann war. Das Argument »Ausländer« steht bei den Amerikanern – zumindest sofern es um Deutsche geht, zu denen man durchaus eine positive Einstellung hat – sicherlich nicht einer ersten Kontaktaufnahme entgegen, sondern erschwert höchstens den Aufbau einer ernsthaften Beziehung.

Erläuterungen zu c):

Nein, wenn sich amerikanische Frauen genauer überlegen, ob sie eine Verabredung annehmen, so steht hierbei nicht der Gedanke an den persönlichen Ruf im Vordergrund, sondern ein anderer Aspekt. Überlegen Sie, welcher das sein könnte!

Erläuterungen zu d):

Das ist genau die richtige Erklärung. Ein »date«, und als solches fassten die Amerikanerinnen den Vorschlag von Ingo auf, ist etwas anderes als ein Weggehen zu zweit in Deutschland, das eher ungezwungen und unverbindlich verläuft und eventuell auch nur auf freundschaftlich-kameradschaftlichen Gefühlen basieren kann. Da für Amerikaner ein »date« schon eine bestimmte Bedeutung hat und immer mehr als rein freundschaftliche Gefühle dahinter vermutet werden, überlegt man sich eine Zusage genauer. Nachdem zudem in den letzten Jahren »date rapes« (Vergewaltigung durch den männlichen »dating«-Partner) an den Universitäten zu einem ernsthaften Problem geworden sind, wofür vor allem der Einfluss der »fraternities« verantwortlich gemacht wird, sind Amerikanerinnen sehr vorsichtig in der Wahl des »dating«-Partners geworden und wollen bei einem ersten Treffen meist ungern allein mit dem Mann fortgehen, wenn sie ihn kaum kennen.

▓ Beispiel 39: Eifersucht

▓ Situation

Ralf traf in der Disco Mary, eine amerikanische Bekannte. Sie tanzten ein paar Mal zusammen und unterhielten sich. Ralf fand das Mädchen sehr nett und hätte sie gerne wieder einmal getroffen. Da er jedoch aus ihrem Verhalten nicht entnehmen konnte, ob sie ihrerseits ebenfalls an einem weiteren Kontakt interessiert war, sprach er sie nicht auf ein mögliches Wiedersehen an. Nach diesem Abend hatte Ralf zu seinem Bedauern nie mehr etwas von Mary gehört. Erst als er mit einer Freundin von Mary ausging, erzählte ihm diese, dass es zwischen ihr und Mary einen Streit gegeben hätte, weil Mary sich auch für Ralf interessiert hätte und daher nun eifersüchtig auf sie gewesen sei. Ralf war darüber sehr verwundert und verstand nicht, wieso Mary dann nicht in ihrem Verhalten ihm gegenüber zum Ausdruck gebracht hatte, dass ihr an einem weiteren Kontakt gelegen war.

Wie würden Sie Ralf das Verhalten von Mary erklären?

– Lesen Sie nun die Antwortalternativen nacheinander durch.
– Bestimmen Sie den Erklärungswert jeder Antwortalternative für die gegebene Situation und kreuzen Sie ihn auf der darunter befindlichen Skala an. Es ist möglich, dass mehrere Antwortalternativen den gleichen Erklärungswert besitzen.

▓ Deutungen

a) Amerikanische Frauen sind stark am traditionellen Rollenbild orientiert und verhalten sich deshalb auch in solchen Situationen eher passiv.

sehr	eher	eher nicht	nicht
zutreffend	zutreffend	zutreffend	zutreffend

b) Mary war im Umgang mit Männern noch etwas unerfahren und wusste daher nicht so recht, wie sie Ralf gegenüber ihr Interesse an einem weiteren Kontakt zum Ausdruck bringen sollte.

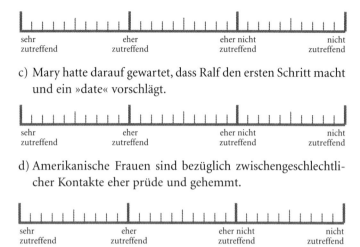

sehr
zutreffend | eher
zutreffend | eher nicht
zutreffend | nicht
zutreffend

c) Mary hatte darauf gewartet, dass Ralf den ersten Schritt macht und ein »date« vorschlägt.

sehr
zutreffend | eher
zutreffend | eher nicht
zutreffend | nicht
zutreffend

d) Amerikanische Frauen sind bezüglich zwischengeschlechtlicher Kontakte eher prüde und gehemmt.

sehr
zutreffend | eher
zutreffend | eher nicht
zutreffend | nicht
zutreffend

■ Bedeutungen

Erläuterungen zu a):
Hier liegen Sie völlig falsch! Schon bei deutschen Frauen kann man kaum von einer »starken« traditionellen Rollenorientierung sprechen, umso weniger bei amerikanischen Frauen. Auch wenn sich bezüglich des Aspektes zwischengeschlechtliches Verhalten beziehungsweise Sexualität die traditionellen Rollenerwartungen in den USA – wie schon erwähnt – kaum geändert haben, ist zumindest im Arbeitsleben und innerhalb der Familie nicht mehr eine so deutlich geschlechtsspezifische Rollendifferenzierung und Aufgabenverteilung zu finden. Hinzu kommt, dass es hier ja um eine spezielle Gruppe von Frauen geht, nämlich Studentinnen, von denen angenommen werden kann, dass sie ihre Lebensgestaltung mehr nach persönlichen Einstellungen sowie Interessen und zunehmend weniger nach alten Klischees und herkömmlichen Rollenerwartungen ausrichten.

Insgesamt gesehen kann davon ausgegangen werden, dass die richtig identifizierte Passivität der Amerikanerin demzufolge kaum mit einer allgemeinen traditionellen Geschlechtsrollenorientierung zusammenhängt.

Erläuterungen zu b):
Für das geschilderte Verhalten sind weniger persönliche Faktoren, die natürlich immer einen gewissen Einfluss haben, sondern eher ein kulturspezifischer Aspekt ausschlaggebend. Versuchen Sie, diesen aufgrund der bisherigen Informationen zu identifizieren.

Erläuterungen zu c):
Das ist genau der entscheidende Grund für das Verhalten der Amerikanerin. Auch wenn sich die Frauen in den USA zunehmend von den traditionellen Rollenerwartungen, wie etwa die der Hausfrau und Mutter, lösen und sich ihr individueller Spielraum der Lebensgestaltung erweitert hat, ist das zwischengeschlechtliche Verhalten noch stark von herkömmlichen Verhaltenserwartungen bestimmt, selbst unter Studenten. Dies wird in Amerika vermutlich noch deutlicher als bei uns, weil allgemein die zwischengeschlechtliche Kontaktaufnahme viel stärker formalisiert und von festen Regeln bestimmt ist. Immer noch geht die Initiative zu einem »date« vorwiegend von der männlichen Seite aus. Es ist auch meist der Mann, der die Bezahlung des gemeinsamen Ausgehens übernimmt, zumindest bei den ersten Verabredungen. Erst allmählich werden diese Rollenerwartungen, die das »dating«-Verhalten unter anderem mitbestimmen, aufgebrochen.

Erläuterungen zu d):
Zumindest was die Gruppe der amerikanischen Studentinnen betrifft, werden sie genauso vehement wie ihre deutschen Kolleginnen gegen eine solche Behauptung protestieren.

Zur Interpretation des vorliegenden Verhaltens ist das Bild von der »prüden Amerikanerin« kaum geeignet. Erstens sind es nicht nur Frauen, sondern Amerikaner beiden Geschlechts, die unter deutscher Perspektive bisweilen prüde erscheinen, und zweitens bezieht sich diese, im Gegensatz zu den Deutschen, prüde Einstellung einiger Amerikaner weniger auf das zwischengeschlechtliche Kennenlernen unter Jugendlichen an sich. Amerikanische Jugendliche sind diesbezüglich gewiss ebenso wenig befangen wie deutsche. Eine prüde oder streng moralische Einstellung äußert sich mehr in einer extremen Haltung zu bestimmten Einzelaspekten, wie Ablehnung von Nacktheit, konsequentes Tragen eines BHs bei Amerikanerinnen, getrennte Zimmer für unverheiratete Paare, Ablehnung von Körperkontakt zwischen Paaren in der Öffentlichkeit, heftige Tabuisierung bestimmter sexueller Themen oder Praktiken, ausgeprägter Antipornowelle und anderes mehr. Drittens geht es in der vorliegenden Geschichte um den Umgang zwischen Studenten, bei denen untereinander manchmal, zum Beispiel auf Veranstaltungen der »fraternities« und »sororities«, alles andere als ein gehemmtes Verhalten zu beobachten ist.

■ Beispiel 40: Der Kinobesuch

■ Situation

Fabian verstand sich im Kurs recht gut mit Carol, einer amerikanischen Mitstudentin, und er wollte nun gerne etwas mit ihr zusammen außerhalb der Universität unternehmen. Er fragte sie daher, ob sie Lust hätte, mit ihm und einigen seiner Freunde am Abend ins Kino zu gehen. Carol erklärte, dass sie einen Freund habe und sie daher nicht ohne ihn weggehen würde. Fabian konnte das nicht verstehen.

Welche Erklärung würden Sie Fabian für Carols Antwort geben?

– Lesen Sie nun die Antwortalternativen nacheinander durch.
– Bestimmen Sie den Erklärungswert jeder Antwortalternative für die gegebene Situation und kreuzen Sie ihn auf der darunter befindlichen Skala an. Es ist möglich, dass mehrere Antwortalternativen den gleichen Erklärungswert besitzen.

■ Deutungen

a) Partnerschaftliche Beziehungen in Amerika bedingen, dass man überwiegend auf eigenständige Aktivitäten verzichtet und nach Möglichkeit nur noch zu zweit etwas unternimmt.

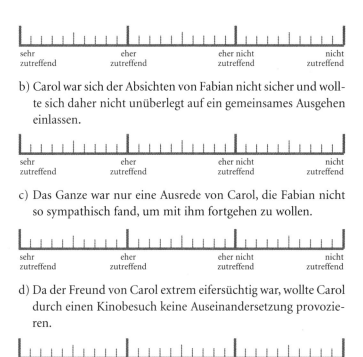

| | | | | | | | | | | | | | | | | | | | | | | | | | | | | | |
| sehr zutreffend | | | | eher zutreffend | | | | eher nicht zutreffend | | | | nicht zutreffend |

b) Carol war sich der Absichten von Fabian nicht sicher und wollte sich daher nicht unüberlegt auf ein gemeinsames Ausgehen einlassen.

| | | | | | | | | | | | | | | | | | | | | | | | | | | | | | |
| sehr zutreffend | | | | eher zutreffend | | | | eher nicht zutreffend | | | | nicht zutreffend |

c) Das Ganze war nur eine Ausrede von Carol, die Fabian nicht so sympathisch fand, um mit ihm fortgehen zu wollen.

| | | | | | | | | | | | | | | | | | | | | | | | | | | | | | |
| sehr zutreffend | | | | eher zutreffend | | | | eher nicht zutreffend | | | | nicht zutreffend |

d) Da der Freund von Carol extrem eifersüchtig war, wollte Carol durch einen Kinobesuch keine Auseinandersetzung provozieren.

| | | | | | | | | | | | | | | | | | | | | | | | | | | | | | |
| sehr zutreffend | | | | eher zutreffend | | | | eher nicht zutreffend | | | | nicht zutreffend |

■ Bedeutungen

Erläuterungen zu a):

Mit dieser Antwort zeigen Sie eine völlig falsche Einschätzung der Beziehungsmuster in amerikanischen Partnerschaften. In den USA besteht zwar ein sehr starker Druck zu heiraten, und Singles fühlen sich oftmals von der Gesellschaft ausgeschlossen, weil sie in den Augen der anderen den Rollenerwartungen nicht entsprechen, dafür ist dem Einzelnen jedoch innerhalb einer Beziehung nicht völlig der individuelle Freiraum genommen. Es wird im Allgemeinen von gesellschaftlicher Seite das Eingehen einer festen partnerschaftlichen Beziehung erwartet, diese muss dann aber nicht unbedingt absolute »Zweisamkeit« bedeuten, sondern lässt in der Regel jedem Partner einen gewissen Spielraum, um seinen vielfältigen Aktivitäten und Engagements nachzugehen.

Bei amerikanischen Studenten wird allerdings, da die noch frei verfügbare Freizeit sehr eingeengt ist, verständlicherweise oft stark das Bestreben vorhanden sein, die verbleibende Zeit möglichst zusammen mit seinem Freund oder seiner Freundin verbringen zu können.

Erläuterungen zu b):
Ja, hier haben Sie den Sachverhalt richtig erfasst. Wie in der vorangegangenen Situation lässt sich auch hier zur Erklärung des Verhaltens anführen, dass für Amerikaner jedes Weggehen mit einem Vertreter des anderen Geschlechts ein »date« darstellt und somit eine gewisse Bedeutung hat. Hinter einem Ausgehen zu zweit werden immer mehr als rein kameradschaftlich-freundschaftliche Gefühle gesehen. Daher lässt man sich bei einer bestehenden dauerhafteren Beziehung nicht so ohne weiteres auf ein »date« mit einem anderen ein.

Falls man als Deutscher einfach, ohne weitere Hintergedanken, an einem allgemeinen Sich-Kennenlernen interessiert ist, kann man es der Frau bzw. dem Mädchen und sich leichter machen, wenn man nicht gleich ein Weggehen zu zweit, sondern zu mehreren, also mit ihren Freundinnen oder gegebenenfalls mit ihrem Freund, vorschlägt.

Erläuterungen zu c):
Natürlich kann das im Einzelfall bloß eine Ausrede sein. Manche Amerikanerinnen behaupten auch oftmals zunächst einfach, dass sie einen Freund hätten, um bei einer Zusage zu einem »date« die damit verbundenen Erwartungen des Mannes von vornherein zu begrenzen. Neben der Möglichkeit einer Ausrede besteht jedoch ein anderer, charakteristischerer Grund für das Verhalten.

Erläuterungen zu d):
Diese Möglichkeit mag sowohl in Deutschland als auch in den USA im Einzelfall bestehen. Es geht hier aber nicht darum, irgendwelche Persönlichkeitsfaktoren der beteiligten Personen zu identifizieren, sondern den allgemeinen kulturellen Verhaltensunterschied herauszufinden, der hinter dieser Situation steht.

■ Kulturelle Verankerung von »Zwischen-geschlechtliche Beziehungsmuster«

Die vier soeben erörterten Situationen machen deutlich, dass die zwischengeschlechtliche Kontaktaufnahme bei den Amerikanern in einem festen, formalisierten Rahmen abläuft. Bezeichnend ist schon die Tatsache, dass es auch einen eigenen Ausdruck (»dating«) dafür gibt.

Während bei uns zwischengeschlechtliche Beziehungen auf ganz unterschiedliche Art und Weise entstehen können, sich auch eher zufällig oder ungeplant anbahnen können und sich oftmals erst allmählich als solche herauskristallisieren, stellt die zwischengeschlechtliche Kontaktaufnahme bei den Amerikanern eine strukturierte, nach bestimmten festen Regeln ablaufende und deutlich umrissene Angelegenheit dar. So steht zu Beginn einer Annäherung oder eines genaueren Kennenlernens in der Regel ein »date«. Das heißt, das Interesse am anderen wird explizit durch den Vorschlag eines gemeinsamen Ausgehens mitgeteilt. Der Vorschlag zum ersten »date« stammt dabei häufig von der männlichen Seite. Inhaltlich stellt dieses gemeinsame Ausgehen meist ein Essen, einen Kinobesuch, ein Treffen zu einem Drink, Tanzen oder einen gemeinsamen Partybesuch dar, wobei einer der beiden – oft der Mann, aber bei weiteren Treffen durchaus mehr oder weniger abwechselnd – den anderen einlädt; es gibt also bei einem »date« auf keinen Fall getrennte Rechnungen. »Dating«-Aktivitäten finden so gesehen immer in einem öffentlichen und formellen Setting statt. Eine Einladung zu sich nach Hause zum Reden, Musik hören oder anderem ist eher unüblich – außer eventuell im Anschluss eines gemeinsamen Ausgehens – und meist erst dann angesagt, wenn die »dating«-Phase erfolgreich in eine partnerschaftliche Beziehung übergegangen ist. Das erste »date« stellt in der Regel noch ein unverbindliches Sich-Kennenlernen dar, folgen jedoch ein oder mehrere »dates«, so sind ganz bestimmte Erwartungen an eine weitere Annäherung damit verbunden.

Ein Ausgehen zu zweit stellt für Amerikaner immer ein »date« dar, das heißt, es werden immer mehr als rein freundschaftlich-kameradschaftliche Gefühle dahinter gesehen. Eine rein kameradschaftliche Beziehung zwischen den Geschlechtern ist unter Amerikanern sehr selten; hinter einem Kontakt zwischen den Geschlechtern werden vorrangig sexuelle Gefühle vermutet. Die »dating«-Konventionen werden von amerikanischen Studenten bisweilen als einengend empfunden, vor allem was die Art der gemeinsamen »dating«-Aktivitäten betrifft, aber bisher weitgehend beibehalten.

Anzumerken ist ferner noch, dass das »dating« in den USA einen nicht zu unterschätzenden Stellenwert hat. Es ist ein ganz wesentlicher Aspekt im Leben eines Studenten, nicht nur, um zeitweilige Beziehungen zum anderen Geschlecht zu knüpfen, sondern um dadurch den für eine Heirat, die von gesellschaftlicher Seite allgemein erwartet wird, geeigneten Partner zu finden. Außerdem stellen »dates« eine für Amerikaner sehr wichtige soziale Rückmeldung über die eigene Attraktivität und Ausstrahlung dar. Die notwendige Bestätigung, sozial anerkannt und beliebt zu sein, kann hierdurch erlangt werden. Daher sind »dates« unter Freunden oder innerhalb der Familie ein gern angesprochenes Thema, vor allem wenn man einige Einladungen vorzuweisen hat und damit seine Beliebtheit unter Beweis stellen kann. Sie sind nicht unbedingt so eine persönliche Angelegenheit wie bei uns.

Anmerkungen und kurze Zusammenfassung

Kulturstandards können als zentrale Bausteine oder Merkmale der jeweiligen, hier der US-amerikanischen kulturspezifischen Orientierungsform aufgefasst werden. Sie beeinflussen die Wahrnehmung, das Denken, Empfinden und Handeln derjenigen Personen, die in der jeweiligen Kultur aufgewachsen und sozialisiert worden sind.

Die hier thematisierten neun Kulturstandards sind aus kulturell bedingten »kritischen« Interaktionssituationen identifiziert worden, die deutsche Studenten, Schüler, und Praktikanten im Umgang mit US-amerikanischen Partnern in den USA erlebt haben.

Völlig unabhängig von dieser Forschungsarbeit sind deutsche Fach- und Führungskräfte, die aus beruflichen Gründen in den USA leben und arbeiten, über ihre Erfahrungen im Umgang mit ihren US-amerikanischen Partnern befragt worden. Sie haben auch über kulturell bedingte »kritische« Interaktionssituationen berichtet, auf deren Basis ebenfalls Kulturstandards identifiziert wurden. Die Erfahrungsbereiche und Handlungsfelder von deutschen Studenten, Schülern und Praktikanten in den USA unterscheiden sich erheblich von denen der deutschen Fach- und Führungskräfte. Deshalb werden auch sehr verschiedene Begegnungssituationen geschildert. Wie ein Vergleich des hier vorliegenden Trainingsmaterials mit dem im Buch »Beruflich in den USA« von Slate und Schroll-Machl (2006) zeigt, stimmen jedoch die Kulturstandards aus beiden Publikationen weitgehend überein.

Im vorliegenden Buch wurde das Thema »Zwischengeschlechtliche Beziehungsmuster« aufgenommen, da es offensichtlich für

195

die Altersgruppe von Studenten, Schülern und Praktikanten von höherer Brisanz ist als für die deutschen Fach- und Führungskräfte, denn sie schildern keine »kritischen« Interaktionssituationen in diesem Bereich.

Bei den übereinstimmenden Kulturstandards haben wir es offensichtlich mit zentralen Kulturstandards zu tun. Diese ermöglichen zumindest aus deutscher Sicht kulturadäquate Erklärungen des unerwarteten und zum Teil unverständlichen Verhaltens der US-amerikanischen Partner, wohingegen der neunte, hier behandelte Kulturstandard als bereichspezifisch, also typisch für das Erleben und Verhalten in einer bestimmten Altersgruppe zu bezeichnen ist.

▨ Patriotismus

– Man ist stolz auf die eigene Nation und Kultur.
– Eine entsprechende Bewunderung oder Wertschätzung der eigenen Kultur wird auch von Fremden erwartet, auf Kritik an der eigenen Nation von Seiten eines Ausländers wird ablehnend reagiert.

▨ Gleichheitsdenken

– Soziale Interaktionen sind von horizontalen Beziehungen geprägt und werden nicht vom sozialen Status bestimmt.
– Autoritäres Verhalten wird abgelehnt. Man möchte überzeugt und nicht durch Macht oder Zwang in seinem Handeln bestimmt werden.

▨ Gelassenheit (»easy going«)

– Handlungen werden nicht bis ins letzte Detail geplant, sofern dies von der Sache her nicht unbedingt erforderlich ist.
– Auf Störungen oder Abweichungen im Handlungsplan wird flexibel und gelassen reagiert.

196

▣ Handlungsorientierung

– Zweck- und Ergebnisorientierung bestimmen auch das Verhalten im privaten Bereich. Zielloses »Plaudern« oder rein geselliges Beisammensein sind daher eher selten.

▣ Leistungsorientierung

– Wettbewerb wird befürwortet, und auch im Privat- und Freizeitbereich wird Leistungs- und Wettkampfdenken akzeptiert.
– Die Messung und Bewertung von Leistungen und entsprechende Rückmeldungen werden als wichtig angesehen.

▣ Individualismus

– Selbstverantwortung, Eigeninitiative und Selbstständigkeit haben einen hohen Stellenwert.
– Bei Gruppenentscheidungen wird auf eine faire Berücksichtigung individueller Meinungen geachtet.
– Die eigene Unabhängigkeit gilt als wichtig und führt zu einer gewissen Unverbindlichkeit und einem geringen Verpflichtungsgefühl.
– In die Angelegenheiten anderer mischt man sich nicht ein.

▣ Bedürfnis nach sozialer Anerkennung

– Soziale Rückmeldungen haben eine hohe Bedeutung für das Selbstbild und die Selbsteinschätzung.
– Es findet sich eine freundliche, höfliche, umeinander bemühte Umgangsweise, die auch für das Verhalten im Geschäftsleben kennzeichnend ist.
– Zusagen und Versprechungen werden getroffen, ohne dass immer genau überlegt wird, ob diese auch eingehalten werden können.
– Absagen oder die Ablehnung von Angeboten erfolgen auf indirekte Weise.

- Ärger, Wut, Gereiztheit werden in der Öffentlichkeit selten zum Ausdruck gebracht.
- Die momentane Atmosphäre oder Stimmung des sozialen Umfeldes wird stark beachtet und es wird versucht, diese positiv zu beeinflussen.

■ Interpersonale Distanz

- Bezüglich peripherer Persönlichkeitsbereiche besteht eine hohe Zugänglichkeit. Dies kommt in Offenheit, Geselligkeit, Kontaktfreudigkeit, Teamfähigkeit zum Ausdruck.
- Bezüglich zentraler Persönlichkeitsbereiche zeigt sich eine Verschlossenheit, zu persönliche Gesprächsthemen werden vermieden. Bei der Mitteilung persönlicher Probleme, Gefühle oder Einstellungen ist man sehr zurückhaltend.
- Es besteht ein eigener Freundschaftsbegriff, d. h. Freundschaften werden schnell geschlossen und ebenso leicht wieder beendet, sie bedeuten nicht Zugänglichkeit zu zentralen Persönlichkeitsbereichen.

■ Zwischengeschlechtliche Beziehungsmuster

- Die zwischengeschlechtliche Kontaktaufnahme läuft nach festen, gesellschaftlich vorgegebenen Regeln ab. Man spricht vom so genannten »dating«.
- Rein freundschaftlich-kameradschaftliche Beziehungen zwischen den Geschlechtern sind eher selten.

■ Schlussbemerkungen

Anzumerken ist abschließend noch, dass diese Kulturstandards natürlich nicht für alle Amerikaner gleich repräsentativ sind. Gerade angesichts der sehr heterogenen Bevölkerung Amerikas ist es kaum möglich und gerechtfertigt, alle in einen Topf zu werfen und regionale, religiöse, soziale, ethnische und andere Unterschiede damit zu ignorieren. Die hier behandelten Kulturstandards beziehen sich vor allem auf die Gruppe von Amerikanern, mit denen Sie vorwiegend während Ihres USA-Aufenthaltes in Kontakt kommen, nämlich auf die weiße Mittelschicht und insbesondere Studenten. Sicherlich kann nicht jedes Verhalten und jede Einstellung mit den behandelten Kulturstandards erklärt werden – das ist auch gar nicht das Ziel, da sehr wohl ebenso immer persönliche oder situative Aspekte eine Rolle spielen –, aber sie können zu einem besseren Verständnis für bestimmte, häufig zu findende kulturelle Unterschiede und zu einer angemesseneren Interpretation amerikanischer Handlungs- und Reaktionsweisen beitragen.

◼ Literaturempfehlungen

Wer seinen Hunger nach Informationen über die Amerikaner noch nicht hat stillen können, wessen Interesse gerade erst so richtig geweckt wurde oder wer noch an Informationen über gesamtgesellschaftliche Aspekte wie Politik, Wirtschaft, Bildung etc. interessiert ist, dem können vielleicht folgende Literaturvorschläge eine Anregung zum Weiterlesen bieten:

◼ Literatur speziell für USA-Reisende

Bryson, B. (1998): Notes from a Big Country. London.
Eine Sammlung von fast achtzig kurzweiligen Glossen zu beinahe allen Aspekten amerikanischen Alltagslebens, mit interessanten Beobachtungen eines Insiders zu Amerika und den Amerikanern, kenntnisreich auch im Vergleich mit Europa, selbstironisch und liebevoll.
Faul, S. (1998): Die Amerikaner pauschal. 2. Aufl. Frankfurt a. M.
Deckt die wichtigsten Themen ab, ist aber ein manchmal mit Vorsicht zu genießendes, provozierendes Spiel mit Vorurteilen gegenüber den Amerikanern; Lektüre für den Transatlantikflug.
Osang, A. (2004): Berlin – New York: Kolumnen aus der neuen Welt. Berlin.
Zugleich nachdenkliche und vergnügliche Betrachtung der USA nach dem 11. September 2001 aus der Sicht eines deutschen, in New York lebenden und zwischen der alten und neuen Welt pendelnden Reporters des »Spiegel«.

◼ Literatur über die amerikanische Gesellschaft allgemein

Ehrenreich, B. (2001): Nickel and Dimed. On (Not) Getting By in America. New York.
Am Beispiel von vielen Einzelschicksalen untersucht die Autorin das Scheitern des American Dream.

200

Fawcett, E.; Thomas, T. (1984): Die Amerikaner heute: Psychogramm eines Volkes im Wandel. 2. Aufl. Bern u. München.
Umfassendes Porträt vom gegenwärtigen Amerika und seinen gesellschaftlichen und sozialen Kräften, die das alltägliche Leben eines Amerikaners prägen.

Frank, T. (2004): What's the Matter with Kansas? How Conservatives Won the Heart of America. New York.
Am Beispiel seines Heimatstaates Kansas untersucht der Journalist Frank die Metamorphose eines ehedem kleinbürgerlichen, demokratisch wählenden Staates zu einem Hort konservativen Denkens und Big-Business-Gefolgschaft.

Huntington, S. P. (2004): Who Are We? Die Krise der amerikanischen Identität. Hamburg.
Sehr pessimistische Untersuchung zur Krise der amerikanischen Identität angesichts speziell der Einwanderung von Lateinamerikanern und des dadurch geschaffenen multikulturellen Drucks; sehr einseitig, aber doch erhellend in Bezug auf das politische Klima der USA.

Kronzucker, D. (1987): Unser Amerika. Reinbek.
Darstellung der alltäglichen und insbesondere politischen Wirklichkeit Amerikas aus dem Blickwinkel eines deutschen Journalisten.

Schmiese, W. (2000): Fremde Freunde. Deutschland und die USA zwischen Mauerfall und Golfkrieg. Paderborn u. a.
Vorzügliche wissenschaftliche Analyse des Verhältnisses von Deutschland nach dem Mauerfall und Golfkrieg zu den USA und der Rolle, die die Medien bei der Darstellung dieses Verhältnisses spielten.

Stevenson, D. K. (1987): American Life and Institutions. Stuttgart.
Einführung im Schulbuchstil, die umfasse Kurzinformation über Bevölkerung, Regierung, Erziehung, Wirtschaft, Medien, Lebensstil etc. bietet.

■ Romanauswahl zur amerikanischen Identität und Diversität

Boyle, T. C. (1995): The Tortilla Curtain. London.
Dt. Übersetzung (2000): America. München.
Roman von einem jungen mexikanischen Paar, das illegal in Kalifornien einzuwandern und dort Arbeit zu finden versucht und sich gegen die Vorurteile der dortigen Mittelschicht behaupten muss.

Carter, S. L. (2002): The Emperor of Ocean Park. New York.
Dt. Übersetzung (2002): Schachmatt. München.
Roman des prominenten afroamerikanischen Rechtsprofessors in Yale: sein Held, ebenfalls afroamerikanischer Rechtsprofessor, erforscht die Hintergründe des Todes seines Vaters, eines prominenten, offensichtlich in dunkle Machenschaften verstrickten Richters, wobei er sich mit akademischen Intrigen, politischen Ränken und Formen eines subtilen Rassismus auseinander setzen muss.

Franzen, J. (2001): The Corrections. London.

Dt. Übersetzung (2002): Die Korrekturen. Reinbek.

Die Geschichte von drei Generationen, regional verteilt über den Mittleren Westen und die Ostküste von Philadelphia bis New York, von ihren Lebensläufen, Träumen und ihrem Scheitern; der Roman liefert eine Art Vorgeschichte zum Weihnachtsfest, an dem die Eltern ihre Kinder und Enkel – wohl zum letzten Mal – vereint sehen wollen.

Guterson, D. (1994): Snow Falling on Cedars. New York.

Dt. Übersetzung (1995): Schnee, der auf Zedern fällt. Berlin.

In einem Prozess im Nordwesten der USA steht ein japanisch-amerikanischer Angeklagter vor Gericht, dem der Mord an einem deutsch-amerikanischen Fischer vorgeworfen wird; parallel zum Prozess verläuft eine Liebesgeschichte, in der der Angeklagte und der Gerichtsreporter zu Konkurrenten um die Liebe der ebenfalls japanischstämmigen Hatsue werden; im Verlauf des Prozesses kommen alte Vorurteile gegen das Japan zum Ausbruch, dem die Bombardierung von Pearl Harbor zur Last gelegt wird.

Russert, T. (2000): Big Russ & Me. Father and Son: Lessons of Life. New York.

Der Autor, TV-Journalist, Chef des Washingtoner Büros von NBC und prominenter Kolumnist, stellt seinen Lebensweg aus irisch-katholisch, kleinbürgerlich geprägten Anfängen zu Macht und Einfluss vor und beleuchtet die Rolle seines Vaters, über die ihm entscheidende Werte und Einstellungen vermittelt wurden.

■ Literaturempfehlungen zur Vertiefung der interkulturellen Thematik

Landis, D.; Bennett J. M.; Bennett, M. J. (Hg.) (2004): Handbook of Intercultural Training. New Delhi.

Slate, E. J.; Schroll-Machl, S. (2006): Beruflich in den USA. Göttingen.

Thomas, A. (1988): Psychologisch-pädagogische Aspekte interkulturellen Lernens im Schüleraustausch. In: Thomas, A. (Hg.): Interkulturelles Lernen im Schüleraustausch. SSIP-Bulletin Nr. 58. Saarbrücken, S. 77–99.

Thomas, A. (Hg.) (1993): Psychologie und multikulturelle Gesellschaft – Problemanalyse und Problemlösungen. Göttingen.

Thomas, A. (2003a): Kultur und Kulturstandard. In: Thomas, A.; Kinast, E.-U.; Schroll-Machl, S. (Hg.): Handbuch Interkulturelle Kommunikation und Kooperation. Band 1: Grundlagen und Praxisfelder. Göttingen.

Thomas, A. (2003b): Psychologie interkulturellen Lernens und Handelns. In: Thomas, A. (Hg.): Kulturvergleichende Psychologie. 2. Aufl. Göttingen.

Thomas, A. (Hg.) (2003c): Kulturvergleichende Psychologie. 2. Aufl. Göttingen.

Thomas, A. (Hg.) (2003d): Psychologie interkulturellen Handelns. 2. Aufl. Göttingen.

Thomas, A.; Kammhuber, S.; Schroll-Machl, S. (Hg.) (2003): Handbuch Interkulturelle Kommunikation und Kooperation. Band 2: Länder, Kulturen und interkulturelle Berufstätigkeit. Göttingen.

Interkulturelle Kommunikation V&R

Alexander Thomas /
Celine Chang / Heike Abt
Erlebnisse, die verändern
Langzeitwirkungen
der Teilnahme an internationalen
Jugendbegegnungen

2006. Ca. 300 Seiten, kartoniert
ISBN 3-525-49094-1

Die Autoren haben untersucht,
ob internationale Jugendbegegnungen (Gruppen-Kurzzeitpro-
gramme) die Persönlichkeits-
entwicklung der Teilnehmer
fördern und ob diese Wirkungen auch noch Jahre nach der
Teilnahme bestehen. Dazu wurden 120 ehemalige Teilnehmer
aus dem In- und Ausland mittels teilstrukturierter Interviews und 535 aus Deutschland
per Fragebogen befragt. Es
wurden Langzeitwirkungen auf
selbstbezogene Eigenschaften
und Kompetenzen berichtet,
die in engem Zusammenhang
mit den Entwicklungsaufgaben
im Jugendalter stehen. Was die
biografische Verarbeitung der
Erfahrung betrifft, so trug der
Austausch häufig zusammen
mit anderen Erfahrungen zu
einer bestimmten Entwicklung
bei (»Mosaikeffekt«) oder
initiierte weitere Aktivitäten
(»Dominoeffekt«).

Alexander Thomas /
Eva-Ulrike Kinast /
Sylvia Schroll-Machl (Hg.)
**Handbuch Interkulturelle
Kommunikation
und Kooperation**
Band 1: Grundlagen und
Praxisfelder

2., überarbeitete Auflage 2005.
463 Seiten mit 23 Abb. und 14 Tab.,
kartoniert. ISBN 3-525-46172-0

Alexander Thomas /
Stefan Kammhuber /
Sylvia Schroll-Machl (Hg.)
**Handbuch Interkulturelle
Kommunikation und
Kooperation**
Band 2: Länder, Kulturen und
interkulturelle Berufstätigkeit

2003. 399 Seiten mit 7 Abb. und 6 Tab.,
kartoniert
ISBN 3-525-46166-6

Das Grundlagenwerk für Fach-
und Führungskräfte in Wirtschaft, Verwaltung und Gesellschaft sowie Personalentwick-
ler, Trainer und Coaches zur immer häufiger geforderten
Schlüsselqualifikation »Interkulturelle Handlungskompetenz«.

Vandenhoeck & Ruprecht

Sylvia Schroll-Machl
Die Deutschen – Wir Deutsche
Fremdwahrnehmung und
Selbstsicht im Berufsleben

2. Auflage 2003. 216 Seiten mit 2 Abb.,
und 1 Tab., kartoniert
ISBN 3-525-46164-X

Die Globalisierung ist inzwischen allgegenwärtig. Diese Tatsache stellt viele Menschen vor neue Situationen: Kulturunterschiede sind nicht mehr nur etwas, was Touristen fasziniert und Wissenschaftler anregt, sondern sie sind weitgehend Alltag geworden, insbesondere auch in beruflichen Zusammenhängen.
Das Buch wendet sich an beide Seiten dieser geschäftlichen Partnerschaft: zum einen an jene, die mit Deutschen von ihrem Heimatland aus zu tun haben, oder als Expatriate, der für einige Zeit in Deutschland lebt, zum anderen an die Deutschen, die mit Partnern aus aller Welt im Geschäftskontakt stehen, sei es per Geschäftsbesuch oder via Kommunikationsmedien. Für die erste Gruppe ist es wichtig, Informationen über Deutsche zu erhalten, um sich auf uns einstellen zu können. Für Deutsche selbst ist es hilfreich zu erfahren, wie unsere nicht-deutschen Partner uns erleben, um uns selbst im Spiegel der anderen zu sehen.

Sylvia Schroll-Machl berichtet auf dem Hintergrund langjähriger Praxis als interkulturelle Trainerin und Wissenschaftlerin über viele typische Erfahrungen mit uns Deutschen und typische Eindrücke von uns. Es geht ihr aber auch darum, diese Erlebnisse und Erfahrungen aus deutscher Sicht zu beleuchten, damit die nicht-deutschen Partner entdecken, wie wir eigentlich das meinen, was wir sagen und tun. Zudem beschäftigt sich die Autorin auch mit den kulturhistorischen Hintergründen, die uns Deutsche prägen.

Auch in englischsprachiger Version erhältlich:

Sylvia Schroll-Machl
Doing Business with Germans
Their Perception, Our Perception
2., überarb. Auflage 2005. 221 Seiten
mit 10 Abb. und 1 Tab., kartoniert
ISBN 3-525-46167-4

Vandenhoeck & Ruprecht